共擔池上

梁正賢翻轉地方的思維與商戰

梁正賢——著

方麗雯——文字協力

目錄

Part 1

池上米怎麼走下去

Part 2

池上米恩仇錄

Part 3

要進步就要尋找下個目標

Part 4

社會主義糧商

推薦序

一位令人敬佩的「社會主義糧商」

賴永松

自從成立池上鄉池潭源流協進會以後，因爲梁正賢加入協會擔任理事，才眞正地認識交往。在此之前並不熟識，我們年齡相差四歲，在求學階段並沒有交集，倒是他的祖父輩跟我父母親卻是相當的熟識。

和他之間的合作是因爲他的家族在池上相當德高望重，我們兩家是世交，我跟他一起合作從事池上米產地證明的工作，他個人的理念、想法也說服了我。在池上這二十幾年來的發展，如果沒有梁正賢是不可能成立的，他的胸襟和視野是無人能比，連我都佩服得五體投地。就像有些人質疑他：「你對池上的事物急公好義，圖的是什麼？」他回答：「如果以『池上』的高度來看，什麼事都是賺。」他如此開闊的胸襟和視野眞的讓人敬佩，而這本書很完整地敘述出他的想法、做法跟理想，非常有條理地整理出來。

也會有人很好奇地問：「池上是怎麼走到今天這個樣子的？」其實這當中有很多池上人的參與和幫忙，但是關鍵人物就是梁正賢，他有前瞻性的想法還有願景，讓大家一起朝同一個方向達成目標，池上的發展是從產業面開始著手，把農民的收入跟生活改善後，才有辦法走到下一步。從產地證明到提高品質的收購制度，讓池上稻米在市場上得到消費者的肯定和支持，價格也有顯著的提升，當產品的價格提升後，他卻把利潤回饋到農民的身上，形成一個良性的循環，以資本主義的市場論來說，價格上升是廠商的利潤，但梁正賢卻把這部分回饋到農民身上，所以才會有人說他是社會主義的糧商，把農民當作是廠商的夥伴關係一起來經營。

當池上的農民豐衣足食後，他又開始接觸台灣好基金會，還有樂賞音樂教育基金會，幫助池上提升文化藝術面，這兩個基金會到池上後，得到梁正賢大力地支持和協助才能如此順利。今天池上有如此濃厚的文化藝術氛圍，也要感謝這兩個基金會的大力協助，因爲在鄉下，沒有如此強大的人脈和資源。

梁正賢先生對地方教育也非常重視，在民國九十二年積極招募資金，成立了池上鄉福原國小文教基金會。每年積極贊助池上鄉各中小學的教育活動，每年教師節都籌措豐厚的禮物送給在池上鄉任教的中小學教師，感謝他們對池上鄉子弟的付出。

池上鄉從稻米產業做基礎，再進一步著手教育、文化藝術等軟實力的經營，打造深厚的人文底蘊，未來還要進一步發展養生醫療及老人照護的建置。這都是梁正賢心中的藍圖，雖然他不是地方首長，也不是政府官員，只是一個地方殷實的廠商，卻有如此的願景構想跟實踐，實屬難能可貴。池上如今的繁榮，並建立和諧、健康的社會，其背後的故事可以做爲台灣鄉村的經典和示範。

期待台灣各地方都有「梁正賢們」，這樣的人物出現，就讓台灣的社會更安定、和諧、繁榮發展。

（本文作者爲池上鄉池潭源流協進會首任理事長）

推薦序

我們的生活，是你也想共同擁有的美好日常

梁瑜容

梁正賢，對小時候的我來說，是個很忙碌也很遙遠的老爸。從我有點記憶開始，我們全家就很少有機會聚在一起。我爸媽很忙碌，忙著做池上米認證、做有機栽培、發展創意米食料理，然後開始跨領域做了藝文活動，突然他已經不只是我的老爸，也不只是一個米廠老闆了……

雖然我一直都清楚他們正在努力保留與創新，但這些努力的成果或是影響，對從前還在外地上學的我來說，是有點陌生又遙遠的，直到我被我爸找回來整理多力米故事館。

多力米故事館原本是一個老米鋪，有一台巨大的礱米機，一些沒有更

新的展牆紀錄，還有很多舊東西：一些我爸的日記，裡面一字一句記錄氣候與稻田的情況。有農友們的老照片，在那個機器都要借來借去的年代，他們的每一步都替池上米穩穩扎根。有我爸到日本MOA參訪的資料，一個將過去與現在、農業與藝文連結的契機……

然後，我才眞正地了解池上這塊土地，有著爲了讓孕育池上土地的大坡池回復生命力，而努力爭取復育的居民們；有著原本只會寫名字，開始一筆一畫學著寫田間栽培紀錄簿的農友們；有著從小就學習巡田水、種稻、選苗，對池上土地充滿感謝的孩子們；有著用藝術來記錄池上的四時變化，與大地共同呼吸的藝術家們；有著在池上秋收開場前做好準備，並笑著唱著歡迎來池上的學生及志工們；還有著偶遇池上，卻被黏在這片土地不想離開，努力耕耘生活、記錄四季的遊子。

春天有大坡池野餐音樂節，秋天有滿滿稻浪的稻穗藝術節，夏天可以在滿池荷花中划竹筏，冬天你有整片伯朗大道的油菜花田陪你一整路。何其幸運！我們擁有一片美好的土地，也擁有了一群很愛這片土地的鄉親，每個人都在用自己的腳步撰寫著，池上這幅值得被記錄的篇章，且不斷不斷地更新中……

做有機米很辛苦、推動池上米標章更是困難到連我爸都曾爲此紅了眼眶，後續的藝文推廣及土地永續，更讓我從我爸身上看到了堅持與無私。其實池上從沒對「地方創生」這個詞彙有概念，因爲「如何讓池上更好」已經實踐於日常，每個正在努力的人都是爲了讓池上共好，這也是爲什麼池上能如此特別。

有一句話說：「你的生活是我遠道而來的風景」，而「共擔池上」更讓你能看到，我們的生活，是你也想共同擁有的美好日常。

（本文作者爲池上米多力米公司經理）

各界推薦

常言道：「機會是留給隨時準備好的人」，除此之外，我覺得專注、用心、與具有高瞻遠矚的眼光、有魄力、有承擔且會用正面思考來解決問題才是最務實的。

這些特點都是我二十多年來在梁正賢先生身上與他帶領有機農民所看到的蛻變，他的眼光很獨到開闊，只要是對池上鄉民有益的事，他都會逐步想盡辦法去實現它，眞是何等彌足珍貴！我與協會有機農業推廣志工們何其有幸，能在有機農業推廣之路與他攜手同行，共創有機農（產）業永續經營，從點線面的推廣到全國遍地開花，讓台灣的有機農業在國際上發光發熱，我們繼續加油囉！

——台灣有機食農遊藝教育推廣協會創辦人／李美雲

梁正賢，我們都叫他「梁大哥」，因爲他的認同和信任，讓台灣好基金會順利落點池上，爲池上攜手打拚十四年。

地方創生是有機生成的，需要因應不同階段的發展而有新的策略。在池上秋收稻穗藝術節辦理到第六年時，我建議秋收應逐步由池上鄉親接手，培力在地，讓鄉親們成爲這個舞台的主角，當時，各方意見分歧，但是梁大哥主動表示應該接受，因爲他相信台灣好基金會對池上的承諾。歷經了三年的銜接過程，池上鄉文化藝術協會成爲主角，台灣好基金會從旁支援，池上秋收的 know how 順利移轉到池上。這份信賴成就了池上秋收的不一樣。

二〇一六年，我認爲台灣好應該更深度的扎根池上，而有了找地興建藝術館的念頭。梁大哥聽到這個消息，立刻表達願意捐出他的穀倉，也讓藝術館的規畫峰迴路轉，成就了全台第一間老穀倉活化再利用爲藝術館的成功案例。池上穀倉藝術館的出現，再一次展現了梁大哥對池上的全心投入，只要是池上的事他向來二話不說，只有付出。

梁大哥是獨一無二的，台灣每個鄉鎮也是獨一無二的，《共擔池上》鼓舞了所有投入翻轉故鄉的人，持續走在地方創生的路上，爲台灣的美好未來一起努力。

——台灣好基金會董事長／柯文昌

梁先生身上有些特質，看似違和，實則相佐。他是糧商，自有言商立場；但他無私，一心爲農民和池上獲取最大利益，因此和農民一起成就池上。他是家族產業繼承人，必須守護家族；但他也是池上人，創新推動家族產業與池上的共榮發展。他是實務家，做事有章法；但他也是夢想者，因此用實務家的精神和做法，爲夢想制定計畫，有條不紊地實現。

——美濃愛鄉協進會會長、旗美社區大學校長／張正揚

梁正賢先生從事有機稻米實作與推廣，完成產地證明標章、參與在地藝術活動，還要建構農村預防醫療，憑藉著遠見、善念、與毅力，來說

服、吸引、匯集池上鄉內外巨大的能量，而能有今天的成就。這本書生動地詳述其過程，除了提供農業發展、鄉村創生的範例，更是勵志人生的最佳讀物。

——台灣大學農藝系名譽教授／郭華仁

池上是一個風光明媚的好地方，除了風景美、人更美，這裡有一群令人感動的人爲著自己的家鄉，不計個人利益而努力著，多力米梁老闆就是如此，我來到了池上國中之後深受梁老闆的支持，學生或學校有任何的困難，他總是跑第一，出錢又出力從不計較，我常想我何德何能在經驗不足的初任校長時，有著梁大哥的相挺，讓我有勇氣往前邁進實現教育的夢想。

梁大哥有很多的想法理念，總能激起我們對教育有不同的思考方向，對家鄉的愛與奉獻，更是值得學子們應該要好好學習的楷模、榜樣。

——台東縣立寶桑國中校長／游數珠

十一年前，我第一次受邀擔任池上秋收稻穗藝術節的主持人，當時沒有觀眾席，我站在稻田裡，腳踏著土地，被藍天青山與一望無際的金色稻浪環繞，感受天地湧動的能量和農夫辛苦的耕耘，開啓了我和池上的緣分，也認識了人稱「梁員外」的梁正賢大哥。

有句話說「吃米不知米價」，很多人卻是吃池上米不知道池上的故事。閱讀梁大哥的《共擔池上：梁正賢翻轉地方的思維與商戰》，讓我們看到池上的蛻變，不只是用心，更要有策略、用方法，才能走得遠、走得久。

《共擔池上》是「人」的故事，梁大哥的遠見喚起池上鄉親們的土地意識與生活共感，他的包容讓走進池上的人都愛上池上。從一個人到一群人，謝謝梁大哥讓我成爲共擔池上的一員。

——主持人／曾寶儀

引進稻作新思維，友善改變家園。同時長年持續地推廣藝文，跟土地展開深層的美學對話。少有農糧從業者，懷抱如是人文精神，眞豪傑也。

——中央通訊社董事長、作家／劉克襄

二〇一四年我到池上駐村，認識池上的土地，認識池上的農民，認識梁正賢先生。

我從他身上學習到許多：追求新知，關心鄉里，有前瞻的理想，帶領池上米走向國際認證。樂於分享，把祖父創業的老穀倉自費捐助改建成地方美術館。

梁大哥見證台灣民間厚實的生命力，是使傳統農村走向現代世界的最佳典範。

——作家／蔣勳

自序

民國一一一年十月六日，池上米在全國稻米達人競賽中再度拿到冠軍，我們連續五年稱霸冠軍，這是池上的必然，理當如此。

從小就在穀倉裡打滾，記憶中有甘有苦。與兄弟、家人、師父們一起工作，時時刻刻汗流浹背，那是生活的苦。但在忙碌工作結束後，能與大夥一起用餐、談天說地，那又是回味無窮的美好回憶。

早年稻穀價格低，繳公糧給糧食局後，剩餘稻穀才當作自營糧，農民想要種田養家活口，讓小孩讀書升學，都是生活中很大的壓力。那時候心裡老想著，農家人爲何總要背負苦情？難道沒有一種讓大家脫困的解方？民國七十三年六月回池上接班後隔兩年，稻穀價格崩跌至每包六六〇元，回想起那段日子，眞叫人捏把冷汗，也爲農民感到心酸。血汗辛苦耕作半年的稻作，卻換來低價收入，甚至可能還要負債度日，這究竟要怎麼過生活？

民國八十三年六月，有機會接觸ＭＯＡ有機自然農法，從頭開始學起，花了十年時間終於轉虧爲盈。如今池上有機稻穀的契作價格已提升到每包二四〇〇元，農友只要專心務農，符合品質規範，在插秧之前就已簽訂契約定好價格，絕不會之後變卦。對我們糧商而言，這是改變的起點，不需擔心穀賤傷農；對池上的農友來說，不必等割稻以後才知道價錢。當九十四年十二月一日第一張「池上米®」產地證明標章核發，由我們池上多力米（股）公司領得第一張標章後，池上農友只要參加集團契作，一定都有保障價格。

猶記得領到標章那一刻，心底的深深悸動無法言喻，當初想要改變的那一點起心動念、促使農友來積極上課、塡寫栽培紀錄、記錄品質計價、檢驗農藥殘留、妥善制定規範、傾全力參加全國比賽……每個努力執行的環節都是爲了「改變」。五年磨一劍，十年跨一大步，我們踏踏實實走到現在，才逐漸成爲如今的池上。

夜深人靜時，我心裡時常想到池上的這群農友，感謝他們不離不棄，一路扶持，情義相挺，讓正賢遇到再大困難也不曾退卻。如果有人問我池上未來的路要如何走下去？我會說，將來訂定的任何政策不會因誰擔任鄉長、鄉民代表或總幹事而有變化，過去至今的政策依然會持續執行，讓福利米鄉、藝文米鄉的池上永流傳。

Part 1

池上米怎麼走下去

1 三代米廠創生與延續

池上建興米廠

民國二十四年新竹到台中一帶發生芮氏規模七．一的強烈地震，造成超過三千人死亡，上萬人輕重傷的嚴重災情。那一年，我的祖父梁火照，從台中大甲繞了大半個台灣來到東部，離家千里爲了糊口，找尋新的機會。

祖父來東部時才二十七歲，一開始先在花蓮富里永豐一帶養鴨，十年後台灣光復（民國三十四年），與來自苗栗苑裡的友人杜錦枝共同承接曾貴春開創的錦豐碾米廠（原址於今池上杜園），於是舉家遷移至台東池上，後與杜家分開經營。民國三十五年祖父接手池上市街（今中山路）上的建興米廠，這裡是我們家業的起源。

米廠當時都是仰賴人工的體力活，收穀到加工必須一氣呵成不能間斷，同時因倉容保存限制還要顧及銷售，所以父親梁萬逢十幾歲念到初中畢業，就開始接手家中米廠工作。為了有足夠時間全力投入家業，雖然後來念到高中，也只能選夜間部就讀，他們兄弟間讀書、服役得輪流錯開，才不致影響米廠人力運作。

到了我們這一代也是如此。我們從小學畢業後離開池上到台中就讀，求學生活跟人家不一樣，只要放假，就立刻搭車回家。尤其每年寒暑假正值稻作收割後加工包裝最缺人手，回家「鬥跤手（tàu-kha-tshiú）」是唯一能做的事。那時候從台中回到池上，幾乎要花一整天的時間，但即使返鄉路途迢迢，回到家，書包與行李一放，就立刻捲起袖子到米廠扛米了。

回想求學階段的生活，放假比讀書時候還忙、還累，我們反而特別珍惜可以讀書的時間。

根本不用考慮的接班

我大學時就讀大同工學院，學校的課程訓練非常嚴格，從我們學校畢業的學生都很優秀，去坊間企業面試工作，履歷表上看到「大同工學院」的學歷，很多公司搶著要。但我從未去面試求職，民國七十三年六月退伍隔天就回到池上，正式到米廠上班。

父親在我回來後對我說：「你欲按怎做攏隨在你！」然後就把米廠工作完全交給我，他在米廠出現的次數，可能一年只有兩三次。相較於父親當年初中畢業就承接祖父的事業，我在二十多歲退伍後才接手，其實不算什麼。

「退伍回來就接手家中米廠事業，當時有沒有掙扎過？」這是近年媒體記者時常向我提出的問題。我是家裡的老大，如同我父親當年從祖父手中接棒一樣，很早就體悟自己身上的家業責任，家裡的事責無旁貸，哪需要掙扎？

接班初期角色

接班初期，銷售與財務的重要工作仍由父母親處理，我則負責米廠內的收穀與加工。實際負責米廠加工作業後，我發現一個很重要的問題。

早期人力無虞，工資便宜，但民國七十年代西部出口加工區林立，池上人口漸漸外移，已不像過去那樣容易聘得人力。加上廠內機器老舊，效率不佳，原有廠房空間有限，無法購置新的機器，也無法改善加工動線。我認為，我們工廠必須盡速轉型，否則待未來通貨膨脹，建置成本恐怕更高，於是隔年著手進行富興分廠的設置。

我把稻穀收購流程與動線先做完整規畫，儘管受限於資金與時間，無法一次到位，也能照計畫逐一建置完成。如果沒有先規畫，想到什麼做什麼，等到中途發現問題，例如做錯或少了一個步驟、機器放錯位置、資金調度出現缺口等，那要付出的代價就很可觀了。

民國七十五年建興米廠富興分廠初期建置完成，正式開始運作，整個加工效率提升六倍，這是我退伍回來後完成的第一個任務。

不懂田事卻自以為是

父親將米廠正式交棒，我也滿懷抱負理想。然而當時年少輕狂，憑著自己在學校讀了點書，學過工廠管理，發現不合理、待改善的地方，就急著想改變。

收穀時，見到農友的稻穀品質不佳，有時會嘀咕幾句，要求人家改善；或有農友每期總趕在最後交穀，我自以爲是覺得他生性懶惰，動作永遠比別人慢，甚至雞婆地提醒他下次要提早割稻。但最後才知道，原來他的農田位處末端，即所謂的「水尾田」，別人沒有插秧播種完，他沒有辦法做，收割時間自然比別人晚；又或者他的農田可能位處田中央，前頭田地的稻子尚未收完，他也不可能先進去割。我當時百分之九十九的時間都待在工廠，根本不知道農民的農田在哪，直到現在，大部分米廠從業人員也是如此，不會知道眼前這包米產自何處，加工與生產之間幾乎沒有連結。

那時候，我的水稻栽培經驗不足，竟還要求農友改善品質，現在回頭想起來，少不經事的我，怎麼會那麼膚淺，問那麼愚蠢的問題？加上平常工作量大，工作時間有時長達十六小時，脾氣難免「刺夯夯（giâ）」，做事不夠周全，才會有那些欠缺考量、魯莽愚蠢的想法。

民國八十三年自己開始種植有機米，從零學起，包括土壤改良與栽培紀錄。那時最大的收穫就是深刻明瞭稻米品質的根源在農民，我的重心漸漸從米廠轉移到田裡，百分之八十五的時間都在田裡研究種植技術，頻繁向農友請益。漸漸地，越來越了解池上的一切，包括農友的農田位置、晚割的可能原因、種植品種的差異、地理氣候環境等。

退伍回來後那十年，我都在學習，當自己深入了解稻米從生產到加工從頭到尾的所有細節，才漸漸體悟「圓融，不唐突」有多重要。

在現金流壓力下學習

在早期「十八趴①」的年代，當時金融業的借貸利息很高，年息高達十五至二〇％，但米廠的資金調度相當頻繁，有時得先支付秧苗、肥料的費用，也要應付農民現金周轉需求。同時米廠必須保留一筆絕不能挪動的收購稻穀現金準備，因爲我們不能失信於農民，怎麼樣都不能欠農民。

當資金周轉有困難，儘管捨不得支付高利息，我們仍得向農會提出借貸。我母親以前不用親自跑農會，因爲我們繳給農會的利息太多，農會的人主動送支票來米廠給她。所以我們很拚，每期稻作收割時，一收到稻穀，就想早點完成加工，趕快把米銷售出去換得現金。

當時賣一輛貨車裝的米，就能返還三十萬左右的本金，盡早去農會返還本金，才能減輕利息壓力。農民說，每期交穀時是他們最開心的時候，因爲大半年的辛苦總算可以換到金錢的實質報酬，但我們米廠的時間壓力在收穀時才正要開始。

因此，米廠的財務規畫要很精準，現金部位要時時留意，謹慎評估投資擴張時機，且須設下風險底線，否則一個錯誤決策可能造成營運重大危害，那個影響不僅是米廠而已，更可能影響與我們合作的農民。

舉例來說，民國七十三年決定設置富興分廠，我們按計畫分階段完成，而不是一次全部投入。民國八十三年興建大地飯店，除了要做爲有機米的銷售點、增加現金收入，也是考量未來通膨壓力所做的決策。當時的土地取得成本在十年間已經翻漲數倍，未來成本只會更高，所以我向銀行借貸一五〇〇萬，負債壓力不小。但待民國八十四年七月二十二日大地飯店開始營運，穩定的現金收入足以支付銀行利息，資金壓力便漸漸好轉。透過財務槓桿對抗通膨，當時的負債是値得的，適當調整現金與資產的比

①俗稱的「十八趴」，是指過去軍公教人員享有一定額度優惠存款利率的制度（民國七十二年底銓敘部訂定下限爲十八％）。歷經數次年金改革，如今「十八趴」已成歷史。

例，是我們財務規畫裡很重要的部分。

成長總在犯錯後

民國七十九年是中華職棒元年，當年味全龍隊在總冠軍賽以四勝二敗奪得首座總冠軍獎盃，職棒帶動整個台灣的棒球風氣。在全民瘋棒球的氣氛下，我的小學同學打算到屏東、高雄興建棒球打擊場，邀我們入股，我想說幫同學一把，同時試試新的商機，所以也有參與。但等到真正開始營運，發現他在資金周轉上出了問題，在打擊場完工後隨即撤場，完全不管後續營運。

我從小被教導的觀念裡，做事不能不負責任，雙手一攤就跑，發生事情一定要收拾善後，圓滿解決。我把後續責任承攬下來，前後忙了將近一年，最後以原本三分之二的賠錢價頂讓給原地主，並且完整地切結交付，設下停損點，避免後續困擾。

其實一開始，母親就知道我一定會碰壁，但她還是故意讓我去試、去闖，很刻意讓我們犯錯。她常說，跌倒犯錯沒關係，重點是在過程裡學到什麼，因為只有從犯錯的過程裡，才能深刻回想究竟哪裡出了差錯。找出問題後澈底檢討，才會刻骨銘心，才不會再犯。

這件事讓我知道做任何事都要謹慎，拓展業務也要按部就班。一路順遂時往往會無止盡地擴張，而忘記風險，這是接班初期常犯的錯誤。我很感念父母親肯讓我嘗試錯誤，因為「提早學習」的成本代價比較低，越早犯錯，越能降低後續失敗的風險。

「容許犯錯」的想法對交棒接班很重要，下一代從錯誤中得到教訓，上一代也要願意給下一代承擔錯誤的機會。但不是完全放任他們去冒險，必須在財務風險容許的範圍內，給予適當的空間。雖然我從民國七十三年退伍回來後接下米廠工作，實際財務管理卻仍由我的母親負責，累積二十多年的經歷後，直到民國九十七年，母親才真正將財務大權完全交棒給我。

這齣「一百五十萬換兩支bat-tah（球棒）②」的故事太難忘了，除了得到教訓，我也因此明確知道，專心致力於「米」的本業，才是我該做的事。

② 球棒的日文叫做バット，在台灣常將球棒念做バッター，其實是日文「打擊者」的意思。

2 有機，米產業的新機會

「池上米無汙染，又這麼好吃，爲什麼價格卻跟別的地方一樣？」

「有的人種的米特別好，有的卻不怎麼樣，但公糧收購兩人收入卻差不多，這不公平吧？」

「大部分的農民都很勤奮工作，但爲什麼總是貧窮？」

民國七十三年退伍回家承接家裡米廠工作後，這些疑問時常在我腦裡翻攪，因爲我無法理解，也無法接受。「只要商品品質好，就有市場競爭力，就能賣得好價錢。」這個連小學生都能理解的邏輯，在稻米的產業裡爲什麼不存在？爲什麼行不通？我每天都在思考，到底是哪個環節出問題？有什麼辦法可以解決？

因爲全心全力投入米廠營運，對稻米產業的認知越來越深，當時公糧保證收購的惡性循環令我感到不解，加上台灣重返關稅暨貿易總協定

（General Agreement on Tariffs and Trade，簡稱GATT），以及後續即將加入WTO，在談判過程裡，台灣農產品面臨重大威脅，弱勢農民對未來一片茫然，幾乎只能坐以待斃。我在米鄉出生長大，家裡世代經營米廠，農民的認眞與辛苦，從小到大看在眼裡，他們付出一生以種植稻米爲業，難道只能成爲自由貿易談判下任人宰割的犧牲者？

池上的稻田面積有限，提高產值才是唯一的路。唯有提高稻米品質，才有機會提高米價，進而翻轉農民劣勢。

那幾年，「如何提高稻米品質」是我最關心的議題，只要任何關於稻米品質改進的知識與技術，我都有興趣，都想了解。儘管米廠工作再忙，趁稍微可以喘息的短暫農閒時，廣泛涉獵農業相關刊物，就是我獲取新知最重要的管道。其中，尤以豐年社當時出版的《鄉間小路》，對我影響最大。

民國八十三年，我在《鄉間小路》一篇報導中得知，台中農改場與南投草屯農會合作試種有機米，文中提及有機種植可以提高米的品質。那篇報導雖然只是簡短的試種報告，沒有太多完整資料，但一看到能「提高品質」，我眼睛都亮了。

只是礙於當時有機栽培的相關資訊少之又少，除了自己親身試驗，別無他法。而且在無經驗的情況下，不能隨便找一般農民當白老鼠，失敗與虧本的風險，只能自己扛。同年六月，我先從自己一塊鄰近萬安溪旁的三甲農地開始，同時遊說住在隔壁富里的岳父一起來試種看看。

有機之路似乎可行

初生之犢不畏虎，一開始什麼都不懂，憑藉一股傻勁與衝勁，反正無前例可循，先做再說。結果越來越有興趣，種植面積與品項逐漸擴增，成立「大地自然生態有機農場」，並以「大地」做爲有機農產品的品牌。

當時對有機種植認識有限，有很多生產技術待克服，最後收成也不好，只有不到原來收成的一半，甚至更低；但秧苗、割稻、打田的成本是固定支出，試算下來，虧損不少。雖然對有機農法很感興趣，卻始終沒有方向。

但即使那幾年都在挫敗中學習，我也沒有放棄，時時留意相關技術課程資訊，包括高雄農改場、台中農改場、農業試驗所等，只要哪裡有開課，我就主動去上，非常殷勤。懵懵懂懂、土法煉鋼摸索了幾年後，爲了申請有機農產品驗證，我接觸到「ＭＯＡ自然農法」，它是改變我對農業哲理的關鍵。

ＭＯＡ（Mokichi Okada Association）是以日本岡田茂吉大師姓名簡稱命名的國際組織，他們從自然農法與飲食、美術文化與整合醫療三大事業面向著手，推廣岡田大師強調個人身心健康就能帶來家庭、社會、全世界健康的哲學理念。

在有機農產品驗證輔導過程裡，透過台灣ＭＯＡ（財團法人國際美育自然生態基金會）③，讓我有機會學習領先台灣五十年的有機觀念與栽培技術。其中，塡寫「田間栽培紀錄簿」是日本農民很普遍的作法，對田間管理幫助很大，但台灣當時很少有這樣鉅細靡遺的記錄方式，我就是在那時開始學習寫栽培紀錄。

民國八十九年十月三十日，台灣MOA舉辦八天七夜的日本MOA自然農法見習，雖然要價新台幣六萬五千元，但我跟母親說，**既然要當這個米廠的老闆，我就要出國去考察，不是整天在這裡扛米、做粗活而已，我要讓我們米廠有特色，我要找出未來的發展方向。**

八天七夜日本MOA參訪

第一次出國考察，什麼都想看。

大仁農場，位於日本伊豆半島中部靜岡縣熱海的山坡上，占地面積約

③ 民國七十九年財團法人國際美育自然生態基金會在台灣成立，爲國內第一間有機農產品驗證機構。

一百公頃，是實踐岡田先生理想的一處示範農場。這塊原以慣行農法栽種的茶園，經過整地、翻土、以堆肥等方式改善土壤後，成爲不用農藥與化學肥料，甚至不用堆肥的自然農法示範區。農場內的栽培項目包括蔬果、茶、花卉等，還有一處以有機畜產養殖的牧場。除了示範農場，亦設有自然農業學院與有機農業相關訓練課程，及以自然農法栽種的蔬果販售區。從土壤改善、田間管理、市場銷售、餐飲服務等一連串從產地到餐桌的過程，在這裡全都能一次了解。

一大早五點，我就跑去農場附設的有機蔬果賣場參觀，看到一箱箱琳瑯滿目的高麗菜、青蔥、番茄、大根（蘿蔔）等各式各樣的蔬菜與水果。

農產品的品種、外觀包裝，自然是我觀察的第一重點，我隨即發現商品外箱或包裝袋上都貼了一張標籤。拿近仔細一瞧，上面標明該品項出自哪個農場、種植者的電話與姓名等資訊。那張標籤貼紙就像是農產品的身分證，代表生產者對消費者的一個責任，你買了這包米或這袋蔬菜，有問題可以來找我。我第一次在農產品包裝上看到這個，非常驚訝且新奇。

當時日本一包一公斤裝的有機米，能賣到四五〇元台幣，我特別買了一包回來送給我們鄉長，讓他看看日本當時的狀況。因爲這完全超乎我的想像，我希望池上的米有一天也能賣到這樣的價錢。

我在大仁農場的綠茶園裡，看到那邊的茶樹高度特別高，比一般茶樹高出一倍，發現它的土壤鬆軟極富彈性，棍子直插進去可深達兩米，有機質很高，我很驚訝怎麼有辦法把土壤改良成這樣。原來，在他們的農法裡，要栽種任何作物必須要有計畫，而不是隨便種，其中「土壤活化」是種植首要條件。他們先把二至三米深的原有土壤，用怪手挖起來，把砂石篩掉，再將其他土壤與堆肥，以過去栽培紀錄經驗所得的分析資料，攪拌出最好的有機質比例，再把它覆蓋上去，最後才開始栽植茶樹。土壤健康，便能生生不息，即使一開始得花費功夫，但只要先做好土壤活化，從此就能「過著幸福快樂的日子」。

八天七夜裡，參觀農場、課程研習、到自然農法的農家實地見習，甚至跟他們一起做晨操、午餐、休息，深入感受他們的農業哲理。除了啓發產地證明標章的意識，實際學到土壤活化、適地適種、栽培管理紀錄等生產技術層面。更重要的是，我才明瞭要推動有機耕種，不能單打獨鬥，必須有一定規模，鄰近田地也要一起參與，才會發揮效益，也才能保證整個區塊的環境安全無虞。

那次參訪，處處有驚喜，時時有收穫，解答我過去六年在有機之路上跌跌撞撞的疑惑。

池上米要如何增加產值？從那次參訪後，讓我找到清楚的方向了。

一、**有機米可以成功**

日本MOA參訪回來後，我確定有機米是稻米品質提升的方法，也是未來市場趨勢，但我已經親身參與投入多年，深知有機之路並不好走，不能隨便鼓勵別人種有機。那條路我可以自己先行，累積經驗，做出成功範例，自然有人加入。

二、**農民必須對自己負責**

在日本大仁農場有機農產品銷售區看到的那張標籤貼紙，生產者的標

圖 1-1　農民參觀。
民國八十九年首次日本 MOA 見習是我向外取經的開始。

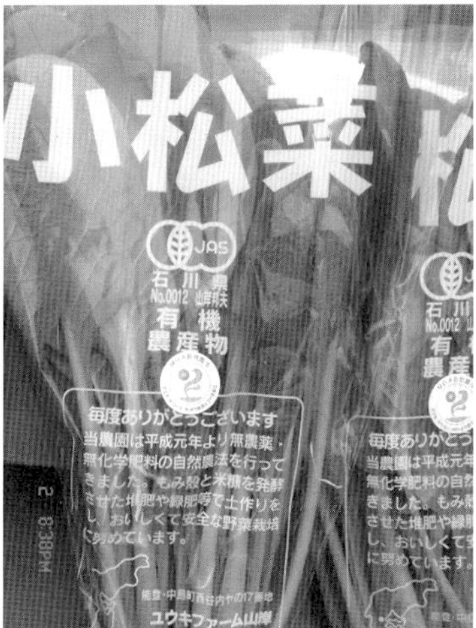

圖 1-2　產地標籤。
農產品包裝袋上生產者對消費者責任的標示，讓我大感驚訝。

示透明，代表對於自己種植出來的農產品品質有信心，也是一種責任的保證。只要能夠證明品質好，消費者也會願意用更高價錢購買。

三、池上要有自己的產地證明

當時日本經濟發展迅速，都市化的結果使得農業人口大量流失，加上受到世界自由貿易影響，其農業理應受到衝擊。但我發現日本有機農產品不受進口農產品衝擊，維持穩定價格，應該與上面這張產地證明貼紙有關。產地證明代表「限量」，價格便能有所區隔。當時「池上飯包」的名氣與坊間嚴重的仿冒現象，讓池上米已經小有名氣，在消費者心裡有一定的品牌印象。然而到處都是池上米，價格永遠拉不起來，所以能證明「這是池上生產的米」，才有機會提高售價。

在大仁農場有機產品銷售區看到的那張產地證明的貼紙，對當時台灣農業是很先進的作法，它就是解決這些問題的方向，也開展我們後續幾年翻轉農業劣勢的米價提升工程。

我們在民國九十一年成功突破公糧價的天花板後，讓池上米的平均穀價從一包④一〇〇〇元左右，提升到如今一九三〇元。當媒體還在報導農民如何辛苦抗爭的新聞時，在池上的我們早已置身事外。

從大仁農場到萬安村

「起手式」很重要，決定最後輸贏。放眼池上上千公頃的農地裡，要種植有機米，最快且最可能成功的地方，就是萬安村，它有機會成爲第二個日本大仁農場。

初到日本MOA大仁農場，我有一種似曾相識的熟悉感，那裡跟我們池上萬安村很像。

---

④ 穀價一般指「乾穀」價格，以「包」爲單位，每包爲一百台斤，即六十公斤。

大仁農場三面環山，前有大片平地；池上萬安村同樣後有海岸山脈，前面有大片沖積平原。萬安村東側靠近海岸山脈，這一帶板塊活動旺盛，土壤的有機質成分本來就高，毋需花太多工夫改善土壤，而水稻栽種更是這裡的百年產業。根據ＭＯＡ自然農法強調的「土壤活化」與「適地適種」，萬安村已經具備。除此之外，也要有「人」的配合，找到對的人來做出成功範例，才能不斷複製，擴大效益。

在累積七年有機經驗後，生產技術也較成熟，加上從ＭＯＡ學到田間栽培紀錄的重要，我這次很嚴謹，不再是自己試種而已。

民國九十年二月六日一期稻作開始，我先找與我家世交多年、種稻技術一流、在萬安村土生土長的蕭煥通班長（後來的萬安社區有機米產銷班班長）擔任首發先驅，遊說他從一塊五分半面積的田地開始進行有機米栽種。

從小在稻田打滾的蕭班長，累積多年技術與經驗，他每天打著赤腳巡田好幾回，對自己的稻田如數家珍，照顧田地就像照顧自己的孩子一樣

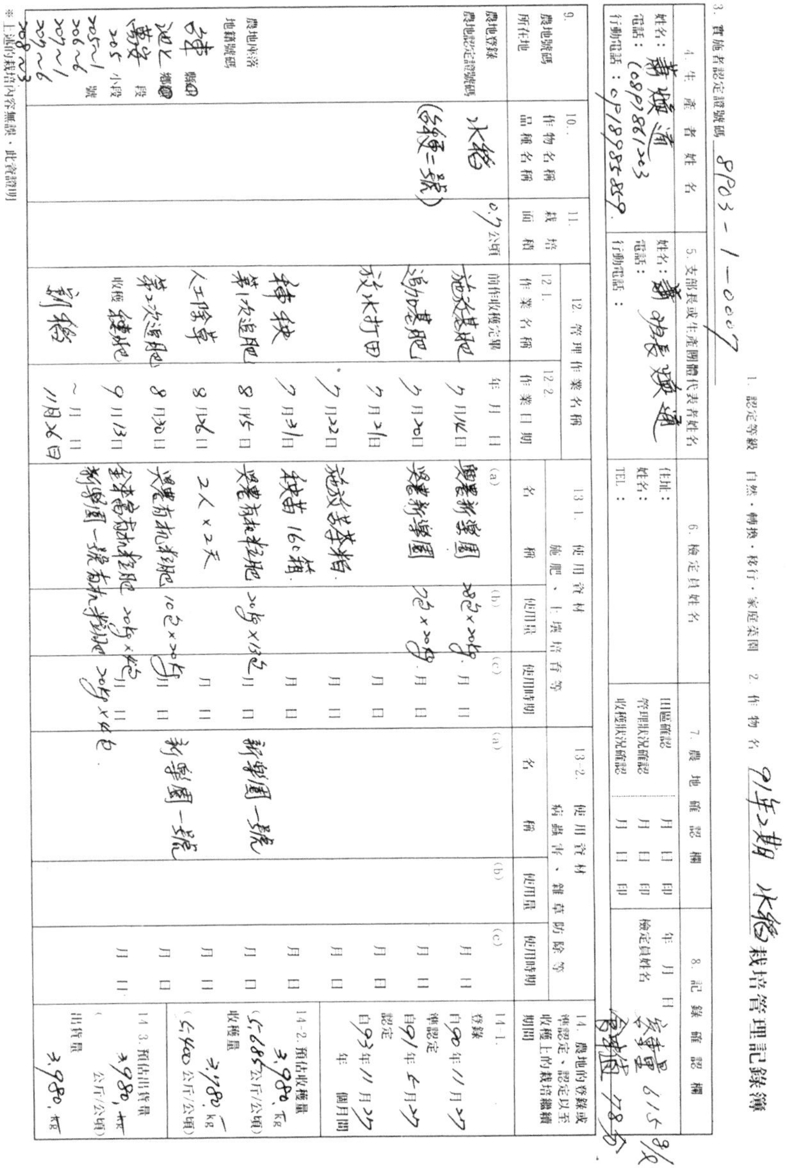
1. 認定等級　自然・轉換・移行・家庭菜園　2. 作物名 91年2期 水稻 栽培管理記錄簿

3. 實施者認定證號碼 8P03-1-0007

4. 生產者姓名	5. 支部長或生產團體代表者姓名	6. 檢定員姓名	7. 農地確認欄	8. 記錄確認欄
姓名：蕭煥通 電話：(089)861203 行動電話：0918985859.	姓名：蕭班長煥通 電話： 行動電話：	住址： 姓名： TEL：	田區確認 月 日 印 管理狀況確認 月 日 印 收穫狀況確認 月 日 印	年 月 日 檢定員姓名 容重量 615 9/2 食味值 78分

9. 農地號碼 所在地	10. 作物名稱 品種名稱	11. 栽培面積	12-1. 作業名稱	12-2. 作業日期	13-1. 施肥、土壤培育等 (a) 名稱	(b) 使用量	(c) 使用時期	13-2. 病蟲害、雜草防除等 (a) 名稱	(b) 使用量	(c) 使用時期	14. 農地的登錄或準認定、認定以至收穫上的栽培繼續期間
農地登錄 農地認定證號碼	水稻 (台稉二號)	0.7公頃	前作收穫完畢	年 月 日							14-1. 登錄 自90年11月27 準認定 自91年5月27 認定 自93年11月27 年 個月間
			施放基肥	7月14日	興農新樂園	28包×20kg.	月 日			月 日	
			追加基肥	7月20日	興農新樂園	7包×20kg.	月 日			月 日	
			放水打田	7月21日			月 日			月 日	
				7月22日	施放苦茶粕.		月 日			月 日	
			插秧	7月31日	秧苗 160箱.		月 日			月 日	14-2. 預估收穫量 3,980.kg (5,685公斤/公頃)
農地座落 地籍號碼			第1次追肥	8月15日	興農有機粒肥	20kg×13包	月 日	新樂園一號		月 日	收穫量 3,780.kg (5,400公斤/公頃)
台東縣			人工除草	8月26日	2人×2天		月 日			月 日	
池上鄉			第2次追肥	8月30日	興農有機粒肥	10包×20kg	月 日	新樂園一號		月 日	14-3. 預估出貨量 3,980.kg (公斤/公頃)
萬安段 205小段			收穫 穗肥	9月13日	全來富有機粒肥 20kg×4包 新樂園一號有機粒肥 20kg×4包.		月 日			月 日	出貨量 3,980.kg
205~1、206~6、207~1、207~6、208~3 號			割稻	~月 日 11月26日							

※上述的栽培內容無誤，此資證明

圖 1-3　蕭班長民國九十一年二期稻作栽培紀錄。

無微不至。以前務農仰賴人力，種植面積有限，蕭班長每天都跟自己的稻作培養感情，細心觀察與呵護每一株稻穗，田裡的每日變化，他都知道，所以他種出來的稻米品質在池上一直是佼佼者，也常在縣內稻米競賽中得獎。加上他按部就班、一絲不苟的個性，在耕種過程的觀察與栽培紀錄上一定會注重細節，詳實記錄，找專業又細心的他來當示範準沒錯。

如同許多農家人一樣，**個性敦厚樸實的蕭班長，口頭上沒有直接答應，因爲農家人重承諾，沒做過的事不敢講，但我知道他一定會挺我**。那期五分半地的肥料錢要價六萬多，是一般化學肥料的五倍，勤儉的農家人根本捨不得花，我直接把要價不斐的有機肥料送到他的田頭放，讓他安心使用。

當時穀價一包百台斤才一二〇〇元左右，我把自然農法的農民契作價拉高到一八〇〇元⑤，我跟蕭班長保證，一定會給他好價錢。由於是有機種植，不能使用農藥，得以人工方式跪地「挲草」（除草），相當辛苦，所以蕭班長常開玩笑說我用「金錢」誘惑他，一切都是爲了錢。在蕭班長有機栽種的半年裡，我一天到晚去他家，時時一起討論栽種時遇到的問題，等到收成，我會證明這些努力絕對沒有白費。

收益增加　消息快速散開

蕭班長當期的五分半地最後稻作收穫量果然不差，在提高收購價格後得到不錯收益，此一消息在農村鄰里間快速流傳，大家都很好奇。

我向當時願意與我簽訂有機米契作的農民提出兩項保證——價格保證與收成保證。

有機種植的價格，我將**以一般慣行農法多百分之七十的保證價格收購。而收成保證則是保量**，即使最後收成無法達到平均收成量，我們也把

⑤ 自然農法準認定為有機過渡期，當時自然農法準認定前穀價為一公斤三十元，準認定後為三十五元。

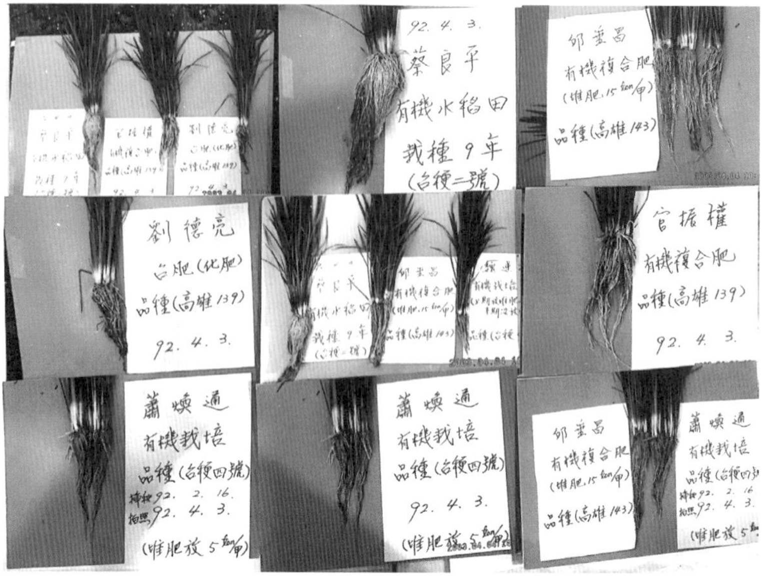

圖 1-4　透過拍照與栽培紀錄，分析肥料施作與稻作根系發展的關係，證明土壤改善的重要性。

餘額補足。假設一公頃地平均收割八千斤，若當期有機種植的收成只有四千斤，我就補你四千斤，達到八千斤的保證收成量。保價與保量，會讓有機種植的收入增加，這是當時對農民最直接的誘因。

參與有機契作的農友在得到保價、保量的保障後，也必須遵守有機種植的規定，符合MOA有機農產品驗證的相關作業要求，並填寫田間栽培紀錄，不定期參與課程交流研習等。農民剛開始種有機，會有很多疑問，我們在插秧之後，會跟參與契作農友不定期一起到他們的有機栽種田間觀摩，從各自的田裡取出整株稻作，拍照記錄其稻作根系生長差異，再根據栽培紀錄，分析有機質肥料的施作量與施作時間對根系發育的影響，進而證明土壤改善對有機種植的重要性與最適作法。

爲了證明有機種植整體收益不輸慣行農法，甚至更優於慣行農法，我用實際數字來證明。

以民國九十年二期稻作爲例，我從蕭煥通班長的田間栽培管理紀錄，挑出兩塊面積相當（約莫一公頃多），分別以自然農法耕種的有機水稻與原有慣行農法稻作的最後收益做分析比較。雖然自然農法在秧苗、有機肥料、工資（打田、施肥、除草與收割）等支出高於慣行農法兩倍，但實際收成量不但高於慣行農法，在個別乘上收購價格（兩者差一點五倍以上）後，以自然農法種植的有機水稻收入是慣行農法的一．七六倍，每一公頃地多了近三萬六千元（見圖1-5）。

90年2期水稻　池上萬安村 蕭煥通先生 有機水稻(自然農法)與慣行農法收益分析表

收支分析 ╲ 栽培農法	自然農法(1.9甲)	慣行農法(1.2甲)	備　　註
施放基肥(工資)	1.9甲×2000元/甲=3800元	1.2甲×1,000元/甲=1,200元	自然農法準認定証前
打　田(工資)	1.9甲×9,000元/甲=17,100元	1.2甲×9,000元=10,800元	與農民契作30元/kg。
插　秧	1.9甲×5,000元/甲=9,500元	1.2甲×5,000元/甲=6,000元	準認定後契作35元/kg。
除草　(工資)	(人工) 20天×1,000元=20000元	(殺草劑)馬上除 10包×60=600元	
施放追肥(工資)	3天×1000=3,000元	1.5天×1,000=1,500元	準認定後有机水稻
割　稻	1.9甲×9,000=17,100元	1.2甲×9,000=10,800元	(自然農法)收入多於
巡田　(工資)	1.9甲×10,000=19,000元	1.2甲×10,000=12,000元	慣行農法64,860元。
秧　苗	1.9甲×300×28=15,960元	1.2甲×300×28=10,080元	
有機肥	70,210元	化學肥=8,600元	
打　藥	0	(2次) 10,410元	
總支出	175,670元	71,990元	(蕭先生91年4月23日起為準認定後)
收　成	11,088台斤×30元=332,640	6110kg×21元=128,310元	結論：有機水稻(自然農法)收入多於慣行農法
收　益	332,640－175,670=156,970 156,970÷1.9甲=82,615元/甲	128,310－71,990=56,320 56,320÷1.2=46,933元/甲	82,615－46,933 =35,682元/甲

圖 1-5　蕭班長民國九十年二期稻作有機栽培與慣行收益差異分析表。

農家人的想法很簡單，**他們不怕辛苦，怕的是辛苦沒有代價，只要有好價錢，人人都有興趣。**見到蕭班長有機種植的實際收成量與收益成效，其他農民當然不想錯過機會。

順著這樣的風評與趨勢，萬安村農友陸續願意投入有機種植。民國九十年二期稻作在七月播種時，有十四位萬安村農友簽訂有機契作，種植面積超過二十二公頃；隔年九十一年一期稻作更迅速增加至六十六公頃，奠定後來萬安有機生態村的基礎。

明知虧損仍咬牙苦撐

我們提出的「保價與保量收購」，農民收入提高，當然開心，因爲我們跟農民是契作，不管輸贏，對農民而言永遠都是贏家；然而對我們糧商而言，卻必須承擔初期的虧損。在九十一年一期稻作有機種植面積增加至六十六公頃的同時，我們一年的虧損高達三九〇萬，因爲那時池上的有機米還沒有知名度，當年度根本賣不完，在生鮮保存限制下只能忍痛以一般慣行農法的米價賣出，而這些損失全由我們米廠自行吸收。

但我始終相信有機栽培是未來趨勢，是提高售價的機會，不能等消費者買單才開始種，一定要提早進行。正因爲這樣的信念，即使明知虧損還是得咬牙苦撐下去。

民國九十一年七月，我個人因推廣有機自然農法，獲選全國十大傑出農業專家。得獎的風光背後，卻是連年持續虧損的狀況，這讓過去在家中米廠負責財務的母親非常緊張。

有人跟我母親開玩笑，怎麼會讓我花這麼多錢去推動有機米，這根本是傻瓜才會做的事。但我母親沒有反對，從小她就願意讓我們犯錯，因爲她知道唯有「犯錯」，才能從錯誤中學到教訓與經驗。縱使她心裡忐忑不安，但仍然在背後默默支持我，也認同有機之路勢在必行。她對那些嘲笑我們的人說：**「沒關係，『欲做卡贏袂做』**⑥**。」**

推動有機種植兩年後，我的想法得到證實，銷售端也終於出現曙光。

契機接連出現

民國九十一年二期稻作，蕭煥通班長種植的有機米，榮獲當年度花東縱谷良質米競賽頭等獎。

在蕭班長一．二公頃的有機田裡所生產出的台梗二號米，食味值⑦高達八十三分，證明有機栽種的品質能優於慣行農法。在這批比賽米鉅細靡遺的栽培紀錄裡，包括從施基肥、放水打田、施肥、插秧、追肥、人工除草、穗肥到割稻的詳細日期，以及使用的各項資材名稱與用量，最後列出總收穫量，結算後平均每公頃收益高達十二萬元以上，是一般慣行農法的好幾倍。

蕭班長的有機米得獎後，我們在台中廣三ＳＯＧＯ設展售會，冠軍有機米的效應，讓展售會得到媒體關注，現場銷售的日晒有機米，每公斤二百元，消費者搶著要，跟過去有機米滯銷的情況大相逕庭。

除了參加比賽獲獎，搭配行銷活動，開始打出池上有機米的知名度

⑥ 摘自《稻浪上的夢想家》紀錄片片段，蕭菊貞導演，池上多力米出品，民國一一一年。

⑦ 「食味值」源自日本的稻米品質評比標準，分數越高代表越好吃。

外，當時的環境也爲有機米推了一把助力。

民國九十二年台灣發生ＳＡＲＳ，媒體鼓勵大家多吃有機食材增加免疫力。加上歷年來不斷發生的重金屬汙染稻米事件，健康議題成爲人人關注焦點，消費者開始重視食安品質，有機米成爲市場寵兒。

民國九十三年池上米在第一屆全國稻米品質競賽得到冠軍，創下每公斤六千元的拍賣天價，迅速打響池上米的名號，我們的有機米銷售也順勢跟著水漲船高。**從民國九十三年二期稻作後，我們終於開始轉虧爲盈。**

有機＝好品質＝好價格

在致力推動有機米專區時，當時萬安社區發展協會正好提出地方文化產業振興計畫，於是我們一起合作，在民國九十四年成立萬安社區有機米產銷班，擴大有機種植規模。現在位於萬安土地福德祠對面的ＭＯＡ自然農法教室，是當年萬安有機米產銷班的基地，產銷班成員透過課程研習與田間栽培紀錄的交流，互相學習高品質冠軍米的栽培模式。

民國九十四年十二月六日花蓮農改場舉辦第一屆全國有機米評鑑，蕭煥通班長的有機米再度榮獲全國冠軍。民國一〇七年，池上代表曾鵬璋在農委會農糧署舉辦的「台灣稻米達人冠軍賽」裡，摘下有機米組的冠軍。一〇八年，資深農民謝美國拿下同一獎項冠軍，甚至到日本參加「米・食味分析鑑定競賽」。日本米向來以世界高品質著稱，要在激烈競爭評比中脫穎而出並不容易，謝美國的有機米，卻以海外組最高分代表，從品質優秀的五千個樣品裡，拿到金賞獎第二名的殊榮。

緊接著一〇九年、一一一年分別由池上的官聲燐、唐金滿繼續連霸全國有機米組冠軍。從一〇七年到一一一年，扣除中間一一〇年因疫情影響停辦比賽，五年以來的全國稻米達人有機米冠軍都在池上！

池上的有機米品質讓人有目共睹，這些令人刮目相看的耀眼成績，不是池上特別幸運，而是證明追求品質對農友並不難，只要有制度與完善的配套措施，就能讓他願意去追求高品質的生產模式。

在池上有機米這幾年陸續得獎後，張堯城⑧鄉長建議我們應該再次調整有機米的收購價格，因爲這是對農民最實際的回饋。於是我們一次直接調高一百元，調整比例相當高，以一位擁有兩甲半⑨種植面積的農民而言，一年兩期稻作就多了五萬元。

品質提升，提高穀價回饋，吸引更多人加入，有機米種植的栽種面積自然能逐漸擴大。從民國八十三年剛開始的三公頃有機稻田，二十八年後，民國一一一年池上有機米耕作面積已達一八六．六公頃，占全鄉十一．一%，居全台東縣有機米栽種面積之冠。其中建興米廠的有機米耕作面積達八十五公頃，占建興整體契作的十四%。再從有機米的穀價來看，民國一一一年池上一期稻穀品質分級計價裡，符合有機契作農戶最高規格等級的有機米穀價可達二六〇〇元，與當期公糧價差了一千多元，兩甲半的農地一年兩期稻作的收入差異將高達五十萬元之多。

有機米的高價，來自消費者對品質的信心，所以有機栽種要追求更高品質，而不是強調悲情。過去談起有機農產品常笑稱是「蟲與鳥吃剩的」，但那是沒有了解有機耕種的精神，只要讓土地恢復應有的健康，透過自然生態平衡，同時精進更有效益的種植技術，有機栽種也能有好品質，甚至超越慣行農法。這是二十多年前到日本參訪MOA自然農法那趟見習之旅給我的啓發，這樣的信念，一直支持我到現在。民國一一一年池上鄉一期稻作稻米品質競賽成績揭曉，在二十名入選的參賽樣品中，有機米組前三名成績比慣行農法好米組第一名還要高分，證明了我的想法。

推動新改變　不會讓農民冒險

回顧這趟有機之路，民國八十三年我自己一個人從三公頃有機稻田開

⑧ 張堯城爲池上鄉連任兩屆的鄉長（民國一〇三年至一一一年）。

⑨ 一公頃爲一萬平方公尺，一甲則爲九六九九．一七平方公尺，兩者面積差不多，老農多以「甲」「分」稱之，但現今土地謄本則以公頃公制爲單位。

始，到民國九十四年成立萬安社區有機米產銷班，這中間走了十一年，我們很清楚有機種植的條件，什麼情況可以種，什麼情況不能種，累積足夠的經驗，並且把這樣的經驗分享、傳授給農友後，才去逐步擴展有機米種植面積，而不是叫農民拚了命地往前衝。

推動新的改變，不能隨興，要經過精確計算，風險同時並列，有一定把握後才做，絕對不能讓農民冒險。農家人以務農為業，要養家活口，如果因為嘗試新的有機種植方法，導致收成欠佳，收入減少，難道要人家賣田賣地？所以我們有配套措施，提出價格與收成保證，讓參與有機的農友放心，虧損的風險先由我們米廠來扛，農友只要按部就班、照我們教授的種植方法，就能複製成功經驗。這樣的想法到現在依舊不變，有機新品種栽種試驗時，我們一定先用自己的有機田試做，兩年共四期試做確認沒有問題，才會推廣到農民。

真心思考有機栽種的問題

民國九十二年發生「白米炸彈客事件」，隔年我去世新大學談池上萬安有機生態村，遇到學生要去聲援楊儒門，我跟他們說，農村應該是「有米樂」，是一首歡愉的農晨曲，每天早上起床快快樂樂做田去。而且因爲種植有機，不用灑農藥、擔心健康，那是多麼快樂的一件事，在池上種稻是很優雅的。

但我從來不會隨便鼓勵人家去種有機，若眞心想嘗試有機米的人，我建議必須先思考以下幾個實際運作的問題：

一、改善土壤

「土壤」是有機種植的首要條件，務必先了解土壤的有機質狀況，才能進行土壤改善。土壤改善要如何進行，要清楚土、堆肥、碳化稻殼的混合比例，與其他明確且可執行的作法。若本身條件太差，改善成本過高，就必須審慎評估。

二、栽種成本要精確計算

種有機不能只有熱忱，要先做成本效益分析，價格、收成量預估、有機肥料、工資或其他成本等，都要精確細算。是自有土地或是代耕？代耕者多了租金成本，同時也牽涉有機驗證的對象，是地主？或是代耕農友？這些都必須事先確認清楚，否則後續執行會很麻煩。

三、加工與倉容準備

有機與慣行的加工作業須分開，烘乾後的有機米稻穀，要放在專區的平倉冷藏倉庫。自己或配合的米廠是否有足夠且完備的加工與倉容設備，也要列入考量。

四、通路與價格制定

自產自銷或有配合米廠？配合米廠對有機米的收購價格是否合理？有機轉型期間的價格也須考慮。

池上有機米產業

耕作面積有限，必須提高產值

- 報導提及有機耕作能提高品質

自己開始試種

- MOA 自然農法啓發
- 成立「大地」有機品牌

日本 MOA 大仁農場參訪

- 有機米可以成功
- 農民必須對自己產品負責
- 池上要有自己的產地證明

推動池上萬安村有機米耕作

- 保價保量收購
- 蕭煥通班長成功案例讓農民複製跟進

外部發展與環境加速轉虧為盈

- 民國 91 年二期稻作後接連得獎
- SARS 後消費者重視有機飲食

池上有機米不敗地位

- 全鄉有機米耕作達 11.1%（民國 111 年）
- 有機米穀價每包超出公糧價千元以上
- 連霸民國 107-111 年「台灣稻米達人」有機米組冠軍

圖 1-6　池上有機米產業演進。

Part 2

池上米恩仇錄

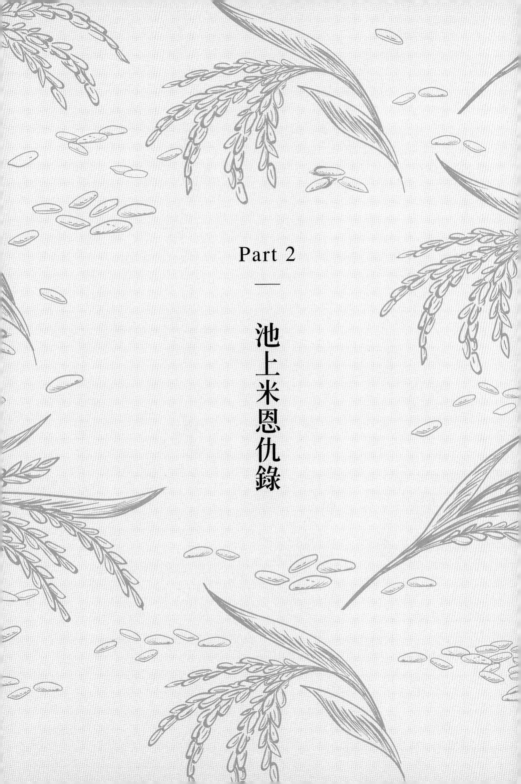

1 保價又保量，糧商你瘋了嗎？

政府說不出口的米價天花板——公糧價

在我們這個產業，米的價格存在一個無法突破的天花板，亦即政府公告的「公糧價」。

民國六十三年實施稻穀保價收購制度，原本是為了平抑物價與保護農民收益的政策。但行之多年後，一般糧商向農民收購稻穀時，樂於比公糧價低的價錢收購，使「公糧價」成了天花板的最高價。

由於公糧的收購方式只按重量計價，導致多年來農民只顧重量而不重品質。品質不好的米，消費者不願接受，政府為了平衡供需，就必須收購公糧。這些品質不好的大量公糧，往往最後成了飼料米。這樣的結果造成台灣稻米「質差、價低」的惡性循環。

鄰近同樣產米的日本與韓國，在民國八十九年前後，紛紛取消保價收購制度，改以符合世界貿易規範的就地補貼取代。然而，台灣的稻米政策因爲政治與諸多因素，保價收購制度始終存在，價格自然無法突破，品質也無法提升。

沒有品質意識，就沒有競爭力。

民國七十年代以後，台灣民眾飲食習慣改變，西式麵食偏好增加，稻米消費量驟減。消費需求降低，卻要面臨供給擴張。隨著世界自由貿易發展，在民國八十三年開始種植有機米時，我已經注意到GATT以及台灣在民國九十一年元旦加入WTO後將面臨低價進口米的傾銷威脅。

我認爲，要與進口米競爭，「品質」是決勝關鍵，否則只是陷入價格廝殺。

逆向思考的解法——提高穀價

池上的稻田，擁有好山好水的天然優勢，山脈沖積而成的有機黏土層肥沃，又有無汙染、富含礦物質的新武呂溪溪水灌溉。因爲位處北回歸線以南，熱帶季風的氣候使得雨量充沛，在中央山脈與海岸山脈兩處屛障下，颱風侵擾機率低，狹長的縱谷地形讓田間濕氣能快速蒸發，降低水稻致病機會。加上這裡是花東縱谷最高處，海拔介於二七五至三三五公尺間，地勢高，日夜溫差較大，兩側山脈使得日照時間短，作物有足夠時間熟成。在諸多氣候與地理環境的優勢下，池上米的品質自然不差，日治時期還曾經進貢天皇使用。

池上的米，既然有品質好的條件，卻只能與品質差很多的米同樣價格，這太不公平。有什麼辦法解決這個問題？

在米的生產消費裡，消費者想要買到好米，糧商的經營目標是增加收益，農民則是希望提高收入，如何同時滿足三者期望？如何啓動「消費

圖 2-1　稻米產業循環共同目標

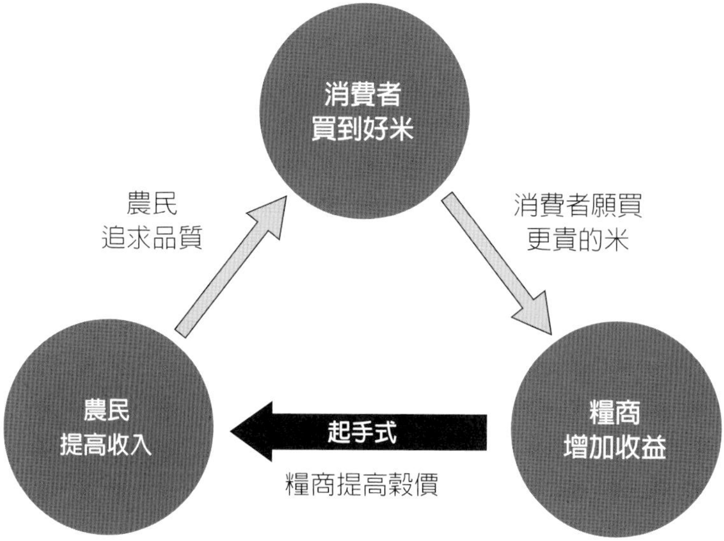

圖 2-2　啓動三方多贏的良性循環。

者」「糧商」「農民」三贏的循環？究竟要先拓展市場？還是先從品質下手？

身爲糧商，我選擇一個完全顚覆一般人想像的起手式——「提高穀價」。

我的思考邏輯是這樣的：先從糧商希望增加收益開始，如果在銷售量不變的情況下，可以藉由提高售價，來達成增加收益的目標。但憑什麼提高售價？如何使消費者願意買單？唯有品質保證，才會讓消費者願意多花錢買。要讓農民願意追求品質，「提高穀價」是誘因，進而讓農民收益增加。爲了維持收益，繼續維持品質，然後進入一個持續的正向循環。

因此，「提高穀價」就是解決所有問題的第一步，但這不是光喊喊、錢丟進去就好，提高穀價的風險在糧商，農民也要相對付出，天底下沒有不勞而獲的事。所以我們必須有配套措施，保證農民做得到「品質」這件事。我堅信只要訓練農民能夠做到提高稻米品質，從基礎品質做起，我就能把品質好的稻米賣到好的價錢。

品質才是共同語言

決定要從品質著手後，要讓農友、米廠、消費者有一個共同的標準語言，來界定品質的好壞。雖然我是機械系畢業，而非農業科系，但我花了很多時間深入了解栽培技術與實驗，自己也親身栽種，回頭再告訴農友如何改善栽培技術以提高稻米品質。有老農自認經驗豐富而不相信我，其中有些甚至是我父親的同輩，既然口說無憑，我就用科學儀器檢測，將品質化成數據資料，做爲評定口感的依據。

由於日本食米精緻化，測定食米品質的科學儀器已經很普遍且專業，其中「食味計」是檢測食用口感最主要的儀器。「食味值」源自日本的稻米品質評比，透過食味計儀器，以近紅外線照射糙米或白米，在光譜儀及電腦分析後測出米粒所含水分、蛋白質、直鏈性澱粉含量三項數值綜合所得分數即「食味值」。食味值是相對數值，雖依儀器品牌與設定而略有差異，但分數高低仍是食用口感之評比依據。

圖 2-3　食味計是檢測食用口感最主要的儀器。

測定食味值的食味計，在當時國內並不普遍，多是公部門或改良場才有。爲了執行品質計價，我們購置食味計設備，以評定稻米品質規格分級。由於過去公糧制度只看「容重量①」一項，對品質的判定非常有限，我們把食味值也納入品質評斷項目，在分級評分比重甚至比容重量還高。

農民心想哪有這麼好的事情

我們當時訂一個標準，容重量占四〇％，食味值占六〇％，總分超過七十，每包穀價按各級多一百至二百元不等，開創以品質優劣決定價格的創舉（見表2-1、2-2）。

一開始，由各米廠簽訂的認證契作農民共有六十五位，契作面積一〇八公頃。雖然我們已明確訂出分級規格與價格，但有些農民仍心有存疑，認爲天底下哪有那麼好的事。爲了證明我們的品質分級計價不是隨便說說，民國九十一年七月十日，我們在池上鄉農會超市二樓，現場用機器檢測，測出食味值後，直接計價。

民國九十一年一期稻作最後結算計價，每包穀價平均多了一八五元，較過去多了約十五％，所以那一年我們池上米認證契作價是「一二八五

①「容重量」指一公升容量之重量，用於評估稻穀充實度（密度）及品質，是目前公糧收購驗收標準。

以民國九十三年池上米品質分級計價為例：

品質規格分數	每包加價（元）
70 ～ 74.9	100
75 ～ 79.9	150
80 以上	200

表 2-1

品質規格分數計算方式：

總分＝（食味值 x 60%）＋【（容重量 ÷ 660）x 100 x 40%】
　　－〈異品種%〉x 2

假設該農民的稻穀評比結果：食味值 76 分，容重量 590 克 / 公升，異品種比例 0.5%

總分＝（76 x 60%）＋【（590 ÷ 660）x 100 x 40%】－ 0.5 x 2
　　＝ **80.35** 分

依所屬分級，該農民的稻穀即每包加價 200 元。

表 2-2

元／每百台斤	台東 穀價	池上 穀價	公糧穀價	池上米 認證穀價
91 年 1 期	1,000	1,100	1,260	1,285

表 2-3　民國九十一年一期稻作穀價比較。

元」，這是一個很重要的時間點——民國九十一年七月十日，池上米穀價達到一二八五元，比當期公糧價一二六〇元，多了二十五元。（見表 2-3）雖然只有二十五元，但這二十五元非常重要，因爲我們用品質分級計價，讓收購穀價終於超過公糧價格，天花板價已經打破，寫下台灣稻米產業歷史新頁。原本是天花板的公糧價，在池上將成爲樓地板價，也代表池上的米不會再繳公糧，走向高品質的另一條路了。

而沒有參與認證契作的農民頂多只能拿到一一〇〇元，一公頃就有一萬八千五百元的差價，怎麼不讓人心動？（見表 2-4）第一期沒有參與認證契作的農民，下一期都紛紛加入。

品質計價的良性循環　得獎全壘打

在一期稻作突破公糧價後，同年二期稻作傳來令人振奮的消息。民國九十一年農委會東區糧食管理處舉辦花東縱谷地區二期稻作良質米比賽，該場參賽名額依照種植面積比例推派，池上鄉的種植面積比鄰近鄉鎮小，只有五名參賽。

在這場比賽之前，我們已經計畫當年年底跨年期間，於台中廣三SOGO百貨舉辦池上米展售會，時間檔期早已敲定，而比賽日期正好落在展售會的前幾天。但我們信心滿滿，勝券在握，早已印好展售會上要用的冠軍米文宣資料，因爲我們在賽前已經透過科學儀器檢測欲參賽的稻米樣本，對即將參賽的米很有信心。

結果比賽揭曉，我們根本「神預測」，完全如我們所料。五位池上代表在十大獲獎名單裡，排名第一、二、三、五、六名：莊林貴妹獲特等獎，蕭煥通與林宇帆獲頭等獎，官振權與官振業則拿到優等獎，五位全數

池上米認證穀價（元）	池上一般穀價（元）	差價（元）	一公頃平均產量（包：百台斤）	一公頃收入差額（元）
1,285	1,100	185	100	18,500

表 2-4　民國九十一年一期稻作穀價收益差異比較。

參賽農戶姓名	性狀	規格			食味			新鮮度	總分	獎項	備註
項目	白米	稻谷	糙米	白米	官能	蛋白質含量	直鏈性澱粉	白米			
配分	10 分	5 分	15 分	20 分	25 分	10 分	10 分	5 分			
莊林貴妹	7.7	3.8	13.9	19.0	19.6	8.2	6.5	5.0	83.7	特等獎	池上
蕭煥通	7.7	3.4	14.2	19.0	19.0	8.8	6.5	4.9	83.5	特等獎	池上
林宇帆	7.9	3.5	14.2	18.5	19.3	9.0	6.5	4.5	83.4	特等獎	池上
潘○○	7.6	3.4	14.8	19.1	19.1	7.8	6.4	4.7	82.9	優等獎	關山
官振權	8.3	3.9	13.8	18.6	18.6	8.2	6.5	4.9	82.8	優等獎	池上
官振業	7.7	3.5	12.6	18.9	19.7	9.2	6.6	4.5	82.7	優等獎	池上
楊○○	6.9	3.6	13.8	18.0	20.1	8.2	6.8	4.8	82.2	優良獎	富里
王○○	7.1	3.1	13.5	18.8	19.7	7.8	6.5	5.0	81.5	優良獎	台東
黎○○	7.1	3.2	12.9	18.6	19.4	8.2	6.4	5.0	80.8	優良獎	富里
葉○○	6.9	3.7	12.5	17.9	20.0	9.0	6.6	4.2	80.8	優良獎	富里

表 2-5　民國九十一年花東縱谷地區二期稻米比賽成績表。

獲獎，證明池上米是台東第一，也是整個花東第一。

得獎後沒幾天，展售會隨即展開，這是我們第一次以池上米共同品牌所做的大型行銷活動。在豐富多元的行銷規畫，加上得獎後的立即效應，讓那次的展售會得到相當多的媒體曝光，吸引消費者注意，一舉打響池上米的名號。我們首次以小包裝進軍百貨公司，當時販售的日曬有機米每公斤二〇〇元，得獎冠軍米則是三二〇元，超越當時百貨公司超市架上日本進口的越光米二五〇元，這是池上米過去前所未有的價格。

緊接著，民國九十三年農委會農糧署舉辦第一屆全國稻米品質競賽，池上米連續三屆得到全國稻米品質競賽冠軍。有了全國冠軍米的頭銜，我們後來陸續在台北新光三越站前廣場、大葉高島屋、板橋大遠百等百貨公司等地舉辦多場展售會。除了持續提升知名度，在當時WTO影響米價的外在壓力下，趁勢盡速將池上米銷售出去，降低低價進口米的衝擊。每場優異的銷售成績證明「品質計價」對售價提高的效益。

依據全國標準不斷修正的品質規格

當有分級制度後，明白列出品質的定義、標準與對應價格，農民就會根據這些標準去改善品質。

最初的品質計價規格，只有食味值與容重量兩項，但隨著實際執行後，漸漸發現僅以兩項做爲分級標準會失真，與實際運作狀況不符，所以後來又陸續加上糙米完整粒，白米成品率等標準。從過去到現在，我們修正很多次，才達到目前的分級制度。

我們對於規格的制定，不是隨便想的，而是以全國比賽的規格去修正調整，我們要讓池上米的品質規格趨近於全國比賽的標準，讓農民遵循全國標準去追求品質。

在全國比賽的標準裡，四十五%是官能品評，即指評審實際吃過後的口感評分，這部分與評審主觀認定有關，比較難以掌握；但其他五十五%是以科學儀器設備測出的稻米品質分析數據，如食味值、糙米完整粒、白米成品率等，我們池上的規格等級就以這部分做爲標準，農民在交穀時就能知道自己種出來的米，品質的好或壞，數據出來，清清楚楚。如果品質不好，農民就有改進的依據，而不是「靠天吃飯」。

確保品質規格的米廠檢驗技術

目前只有池上有如此詳細的規格分級制度，有些外地米廠看到我們的收購價格表很驚訝，因爲我們的規格等級分得很細，所有的規範與說明，每一項列得清清楚楚，池上農民每個人都有一張規格表可以遵循。計價規格清楚，對米廠而言也有好處，早期米廠跟農民結價時，往往會因爲彼此交情，而多個幾十元，到了民國九十年代還是有這種結價模式，民國九十一年以後，我們採用機器檢測設備與分級制度，農民交穀時，這些檢測數字就直接出來，不用爭議。

此外，品質認定，表示池上所有經收稻穀的米廠也要有品質檢驗室，必須有對應的機器設備與作業流程，否則無法跟農民結價，這是一套可以同時提升農民與米廠競爭力的有效辦法，要求農民提升稻米品質的同時，米廠也要精進檢測技術。

以我們米廠來說，近年與我的母校大同大學合作，研發獨步全球的白米成品粒分析儀，在濕穀被碾成白米之前，就能預先分析米糠、粗糠、白米的成分比例，讓農民與米廠精準掌握稻米品質，有效分級計價。米廠為何還要涉足研發儀器？因為我要用最精密的儀器來鑑定米的品質，給種出高品質米的農民最好的價格，讓池上米的分級與定價能更精準，如此才能避免紛爭，也才有機會跟全世界競爭。

池上米價擺脫惡性循環

我們用「品質計價」，突破長久以來不合理的公糧價限制。收購稻穀價格提高，生產端的農民收益增加，有更高意願提升品質，消費端的售價因此提高，有助糧商營業額增加。不只農民受益、糧商受益、全鄉受益，連國家也受益，因爲農糧署每年以低於國際糧價的公糧價格收購稻米，但池上農民種植的稻米因爲穀價高，根本不會繳公糧，可爲政府省下一年將近一億的公帑。

以民國一一一年一期每百台斤乾穀收購價格爲例，池上米依品質分級計價，產銷履歷契作農戶爲一六五〇至一八八〇元不等，有機契作農戶最多更高達二六〇〇元。根據農委會一一一年四月公告一期稻作公糧稻穀收購計價，頂多只有一五六〇元左右，兩者差異天壤之別（見圖2-4）。政府公糧收購價格已有數年未調漲，但面臨通貨膨脹，農藥、肥料、秧苗、農業機械、工資等農事成本不斷上揚，農民不但可能做白工，甚至越做越虧。

如果當初我們沒有「品質計價」「提高穀價」這個舉動，恐怕只能跟現在多數農民一樣，被動期待政府補助，或配合政府擴大休耕面積，繼續陷入惡性循環困境。

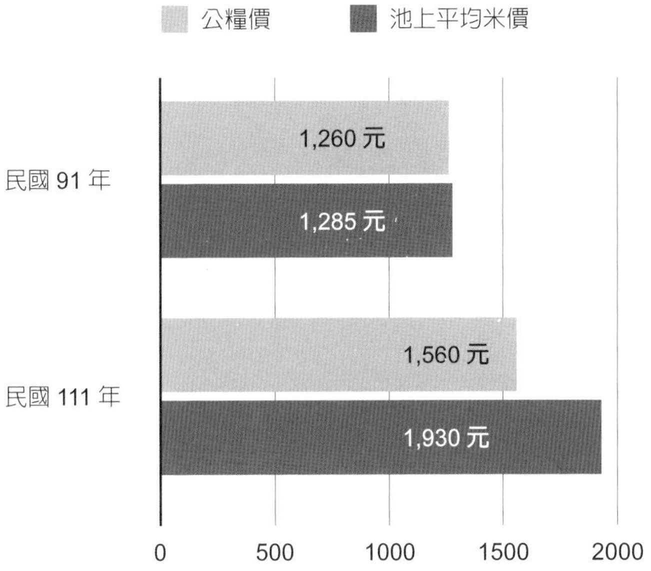

圖 2-4　池上米與公糧價不斷拉開差距。

然而，這種惡性循環的困境，至今仍發生在其他農產品上。

「爲了調整香蕉價格，蕉農忍痛讓農業管理單位銷毀盛產的香蕉。」

「政府呼籲民眾多吃香蕉，幫助蕉農。」

「高麗菜價格崩跌，收割工資不符成本，菜農無奈開放菜田讓民眾自由拿取。」

台灣農產品時常陷入同樣的悲情模式：當某個

作物價錢好，農民就搶種，結果隔年產量過多，供需失衡，價格又崩跌。但也有果農不走這種模式，像台南南化就有芒果果農特別講究品質，每年固定外銷至日本高階市場，價格高自然有意願繼續追求品質。因此，「品質計價」也是其他農產品發展策略上應該考慮的方向。

經典回顧

民國九十一年底台中廣三SOGO展售會，是池上米第一次的對外行銷活動。

在占地二百坪、為期十二日的會場上，除了銷售得獎的冠軍米，還有搭配池上其他物產、農家文物陳列、阿美族舞蹈表演等活動。

我們把早期農家搬運用的牛車、用來篩除稻穀中雜質的風鼓都搬到現場，再以晒乾的稻草做布置，一走進場內就能聞到稻草芳香，並邀請池上在地阿美族媽媽們到會場表演。除了現場銷售，我們還提供訂閱制，讓民衆不用從現場扛著重重的米回家，以「季」為單位認養購買，並推出具創意的行銷新招：訂購一年達二五〇公斤者，免費招待池上三天兩夜食宿參訪認養農地。

2 「證明自己是媽媽生的」

池上米遭仿冒竟理所當然

在「池上金城武樹」出現前，民國八十六年伯朗咖啡推出一支在池上拍攝的電視廣告，插秧機在一片黃金稻浪中的割稻情景，已讓池上名聲廣爲人知，取景拍攝地後來便以「伯朗大道」爲名。當時台灣正值觀光熱潮興起，位於花東縱谷的池上，成爲國民旅遊熱門景點之一。

於此同時，「池上飯包」的出現更讓池上聲名大噪。池上飯包原本就是車站附近因應用餐需求發展出來的飲食，有外來投資者買下池上本地某家飯包經營權，重新命名行銷包裝，以企業化與連鎖經營的方式，成功地將「池上」與「飯包」的形象深植人心。即使其飯包並未標榜使用池上生產的米，消費者也會自動將這些形象連結。

加上池上擁有優勢的生產條件，在當時舉辦的台東縣稻米競賽中已是常勝軍。我們的契作農友官振權在台東縣民國八十九年一期稻米品質競賽獲特等獎，蕭煥通在民國九十年獲特等獎。池上米是消費者心中高品質的代表，但隨之而來的仿冒侵權問題才正要開始。

因池上米品質保證，加上池上飯包的名氣，民國九十年以前有不少台灣西部米廠藉此魚目混珠，想要蹭池上名氣增加銷售。當時只要在米袋上出現「池上米」三字，就能提高售價，各種「××池上米」到處可見，個個標榜來自池上。其中不乏國內數一數二的米廠龍頭業者，明目張膽地在他們的品牌名稱後面直接冠上「池上米」三字，企圖矇騙消費者。

但這些米根本不是來自池上！池上是花東縱谷水稻種植面積最小的鄉鎮，即使滿耕也不會有那麼多的「池上米」。據當時資料統計，市售池上米恐怕有八〇%不是出自池上鄉。幾次這類新聞曝光後，消費者才知道坊間的池上米大多非來自池上，結果造成「劣幣驅逐良幣」，眞正池上土生土長的六家米廠糧商，反而沒人敢在包裝上寫「池上米」三字，深怕反被消費大眾質疑，這種現象簡直匪夷所思。

號召池上團結推共同品牌

為解決日益嚴重的池上米仿冒問題，同時面對台灣加入WTO後的威脅，從民國八十九年日本MOA參訪回來後，我急著找鄉公所與池上六家碾米廠商召開會議，因為我認為池上必須打團體戰，應該要聯合起來共同反擊，並為WTO的威脅預作準備。我向他們提出「共同品牌」與「產地證明」的想法，在當時環境內外威脅下，大家立刻形成共識，全數同意，因為這對大家有益無害，況且當時的狀況已在谷底，大家都願意不妨一試。

民國九十年，池上六家米廠，包括我們建興米廠、池上鄉農會、陳協和米廠、錦和米廠、廣興米廠、瑞豐米廠，每家各出資新台幣三萬元，集資十八萬做爲行政費用，聯合成立「池上米共同品牌協會」，由我擔任會長，各米廠尋找核心農友簽約契作，預計契作面積目標達到二百公頃。契作稻穀須達國家CNS（中華民國國家標準）一等稻穀之標準，仿效日本MOA參訪時看到的產地標章，將在包裝上標示生產者姓名、產銷班別、電話地址以示負責，同時也將田間栽培紀錄的做法納入其中。

我們聯合池上六家米廠，要透過品質分級計價、產地證明、共同品牌，實行高品質高價位的策略行銷。一開始先做品質計價，讓民國九十一年一期稻作的價格首度突破公糧價，共同品牌協會完成第一個戰役。

商標法尚未完備　申請地理標章受阻

除了推動品質計價，產地證明是共同品牌協會當初成立的另一個任務。

爲了維護池上農民與糧商的權益與商譽，保障池上米的品牌價值，池上鄉公所在民國九十一年十月，向經濟部智慧財產局申請註冊「池上米」商標認證。在尚未取得商標權之前，共同品牌協會決議以全鄉共同認可之圖樣做爲米糧產自池上的證明。當時擬採用池上鄉公所的「鄉徽」做爲圖樣，只有簽約契作的米才能貼上這個鄉徽圖案的標籤，這是池上米認證標章推動的開始。

「證明自己是媽媽生的」，聽起來這麼簡單的一個想法，執行起來卻不簡單。

由西部數家糧商聯名組成的中華民國稻米協進會，於商標公告期間對池上米證明標章核發提出異議。他們認爲池上米已是糧商同業習慣的通用名稱，是東台灣無汙染良質米的代名詞，不該被池上鄉專用。如此牽強的理由，令人錯愕，這根本是想爲自身違法仿冒設下的保護傘。當時農糧署爲此特別召開會議，邀請我們池上代表，與反對池上米標章申請的稻米協進會成員，兩造共同協商。

我們一群人浩浩蕩蕩抵達會議現場，每個人身上都穿著一件寫有「池上米證明，農民出頭天」字樣的背心。池上米產地證明不容被仿冒者打壓侵害，我們必須展現維護池上米認證的決心。稻米協進會的人則帶了律師到現場，提出各種法律說詞要求我們退回池上米商標申請。而且態度很不客氣，故意拿兩包米到我面前，要我判別哪一包是池上米。

「這兩包都不是，只有這包貼有池上標章的米才是眞正的『池上米』！」

我們當然有備而來，我拿出早已準備好的一包米，上面貼有池上鄉徽圖案的標籤，明確地告知現場所有人，池上米的標章只有池上人才可以使用！

但產地證明一事，牽涉市場龐大利益，加上當時的商標法規定「使公眾誤認誤信其商品之性質、品質或產地之虞者」，意即「地名」不得申請作爲商標。**在法律未臻完備的情況下，地名能否成爲商標註冊爭議未明，池上米產地證明申請受阻撓延宕。**雖然如此，我仍不放棄，外部申請暫時受阻，就先從內部整合做起，我必須尋求其他協助。

天降神兵——池潭源流協進會

民國八十九年成立的池潭源流協進會，由賴永松老師與池上當地幾位同樣關心地方的有志之士發起。起初因爲關心池上大坡池生態環境而設，以認養大坡池及推展生態與文化環境爲任務，賴老師是第一屆理事長，而我是協會理事之一。民國九十二年，協會原先推動的大坡池生態環境整治，已經得到鄉公所允諾，並以公部門經費持續執行，協會有餘裕關注其他公共事務。

賴永松老師跟我一樣，都是池上農家子弟，上一代因爲稻穀交易往來密切，但我們早期並無交集，直到加入池潭源流協進會才開始熟識。我在一次會中提案討論「池上米產業危機」，希望透過協會成員的討論與協助，共同來關注池上米的問題。賴老師與協會其他成員了解後也認爲稻米產業攸關整個池上未來發展，願意由協會的名義，與我一起著手進行相關規畫。

他後來有次透露，當初其實跟我不熟，也沒有想到會有後續產地認證的那些工作，之所以願意義無反顧地投入，除了認同我的提案，也信任我們梁家。他說我祖母與母親都是地方上德高望重之人，因而對我也有所信賴，當時我推動的共同品牌協會運作並不順利，他願意挺身相助。

賴老師大學時期念的是物理，跟我一樣都是理工背景，所以我們的思考方式相近，想法很容易溝通。過去，我以米廠的身分去做這些事，在互信不足下，往往被質疑圖利自己。但池潭源流協進會的角色很中立，沒有商業利益考量，不會配合廠商圖利，他們認為這是對池上有益的事，且賴老師在池上擔任教職，地方聲望高，由協會來推動最具說服力。

在**推動改變前**，我們先確立幾項原則：

一、**以品質計價加價收購做為吸引農友參加認證的誘因**。

二、**絕不讓農友有任何風險，所有的風險由米廠承擔**。

三、**確保農友可以跟進與執行**。

民國九十一年開始的品質計價制度，已經吸引部分農友跟進我們欲推

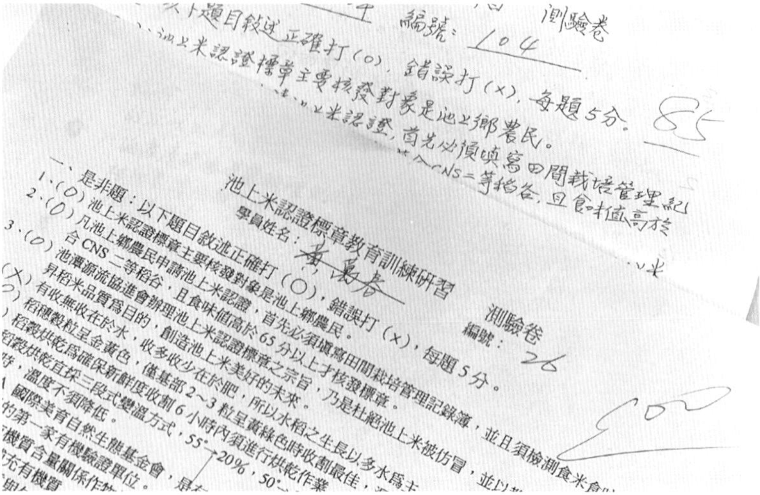

圖 2-5　農民上完課還要考試，才能通過認證。

動的改變，他們已經知道品質攸關收入。但仍有農友尚未跟進，因爲他不知道如何提升品質，因此我們必須有配套措施。這個配套措施就是開辦教育訓練課程，要求填寫栽培紀錄。我們要透過課程傳達品質提升、產地認證的重要性，再從栽培紀錄、技術分享讓農友提升稻作品質，進而能夠在分級計價時獲得較高收益。

民國九十二年，池潭源流協進會開始舉辦教育訓練。

拿鋤頭的老農也要拿筆考試

我們的課程理論與實作兼具，在執行細節上一點都不馬虎。每梯次爲期三天，共十八小時，上課內容分八個單元。每上完一堂課就會蓋一個章，教室門口有專人負責蓋章，所以不能蹺課。課程最後還要考試，所以大家上課非常認眞，連八十幾歲的歐吉桑回家都會認眞研讀講義。

「我以前袂當讀冊，這馬會使來作學生，我足歡喜矣！」民國一〇八年全國稻米達人有機米冠軍得主謝美國，即使已經是擁有豐富種稻經驗的老農，也曾積極地來上課。

我們的考試不是形式上隨便做做，是有實體考卷的，包括是非與選擇題，不識字、看不懂題目的人，我們就找工作人員用唸題目的方式協助作答，確保每一位農友都能確實執行。考試通過後才能得到研習結業證書，才能跟米廠簽訂契作，依品質計價制度獲得比較高的價格。

田間栽培紀錄也是教育訓練中很重要的一環，亦是最困難的地方。

雖然我早在種有機米時，就已經從MOA了解到栽培紀錄的重要，但一般農友沒有這樣的習慣，要改變作法養成新習慣，一開始並不容易。農友要記錄整地、插秧、施肥、除草到割稻的詳細日期，以及使用的各項資材名稱與用量，對他們來說，這些都是額外的工作。有些老農甚至覺得他們種田多年，憑藉豐富的經驗種植就行，他們不能理解填寫這些紀錄的作用。但只要有了栽培紀錄，就可以有效協助管理監控種植的過程，在收割稻穀檢測結果出來後，便可回溯栽培過程進行改良，對稻穀品質提升很有幫助。

確保所有農民可跟進

一直強調紀錄有什麼好處，其實對農友無感，他們其實很單純，告訴他穀價會「加價」，這點才會吸引人，再麻煩也會願意配合。參與的農友要按照我們的要求與表格詳實記錄，有部分農友上了年紀，不會使用電腦，甚至有人不會寫字，要他們塡寫生產步驟眞的很困難。

這些執行細節的問題，我們早已納入考量，要確保所有人都能跟進。

首先先確認有無意願參與，有無能力自己執行，只要有意願，若眞的無法自己執行，我們就會想辦法幫他。不會寫紀錄的農友，我們請他買了秧苗、肥料或藥劑後，把貨單或直接把包裝拿到協會，由工作人員幫忙記錄。工作人員也會定期去找他們訪談、記錄、拍照。協會當時的資料檔案裡，都有很完整的農民建檔資料卡，上面詳實記錄每位農民的基本資料以及稻穀樣本。如果有人隨便寫寫，應付了事，我們一看就知道，會立即要求改進。若經查不實記載，下期就不簽約契作，因爲我們掌握整個水稻生產過程的細節這麼多年，不能有人努力，有人卻在打混。

比較特別的是，這不是來領便當的免費課程，我們沒有任何補助，來上課的農友要先繳交一千元。很多外人不解，一般課程研習通常免費，而且還要有便當、伴手禮吸引人家出席，怎麼可能會有人報名收費課程？因爲參加研習後得到認證，符合品質規格，每包穀價就會加價。一包穀價多八十元，一甲地平均收成一百包，就多了八千元，以平均一個農民兩甲半的種植面積就是多二萬元，一年兩期四萬，當然划算。

所以有農友曾經說過，以前以爲自己的手只會握大支鋤頭，不會拿小支的筆。但爲了認證，很願意在白天工作之餘，晚上勤寫栽培紀錄，因爲只要有去認證，價格就會不一樣。

當期稻作一結算，每位農友確實都領到比別人多的錢，之後就會口耳相傳。有些沒參加課程與認證的農友聽到別人賺錢，紛紛抱怨或後悔沒來上課，所以我們前後一共辦了四個梯次，每一梯次都有五、六十位參加。

農友參與課程研習並拿到研習結業證書後，只要農藥安全檢測通過，就能申請使用認證標籤。民國九十二年十月二十八日，池上鄉公所同意授權池潭源流協進會使用「池上鄉徽」做爲自行辦理產地認證，從當年二期稻作開始核發以鄉徽爲圖案的產地證明標籤。

得獎農友分享　專家授課啓蒙

當初教育訓練課程的講師，除了賴老師與我，還有農糧單位、農會總幹事、改良場人員、前一年分別獲得花東縱谷良質米特等獎、頭等獎的農友莊林貴妹與蕭煥通班長等。我們在課程中分享前一年獲獎的稻米栽培紀錄，讓其他人可以參考複製，一起種出冠軍米。也曾邀請農業專家來上課，例如台梗九號育種人台中區農業改良場許志聖博士，請他來跟農友說明這個品種的特性與栽培需求，來聽課的農友都很踴躍而且專心。

大家都希望自己可以學習新的知識與技術，種出高品質的稻作，獲得更高收益，所以到後來我們已經不用再去宣傳、甚至開課。當農民發現別人的穀價比較高時，就會想要去研究、去精進自己的技術，這牽涉到個人利益。如同賴老師所言，上課的目的就是啓蒙，而不是被動地教授與敦促，讓農友先有基礎知識，誘發他們主動學習，使池上米的品質不斷提升。只要思維轉變，行爲就會不同。

賴老師有次告訴我，在他已經開始投入農民教育訓練課程後，母親曾私下請他在學校公務之餘再多花一點時間來幫我、幫農民，因爲有他與池潭源流協進會的協助，整個教育訓練從設計課程、編列講義、行政管理、結業考試等一連串的過程裡，才能順利推動。

賴老師發揮了「教師」的教學專業與耐性，用淺顯易懂的方式傳達我們的理念與想要改變的思維，讓來參與認證的農友深刻了解提升品質與產地認證對他們、對整個池上有多重要。因爲他身爲教師的說服力夠，聽課的學員馬上就能接受與吸收。他注重執行過程的每一項細節，與我一貫的做事方式相同，我們連鼓勵學員全勤參與的蓋章方式都想到了，講義裡的重點還會用放大字體特別標出與呈現。我們知道農友在上課或塡寫田間栽培紀錄時可能會遇到什麼問題或困難，協助他們確實完成，畢竟這些要花非常多的心血與經費，不能隨便應付了事。

在那段期間，賴老師仍在學校任教，平時忙著學校工作，課餘或假日才能處理協會的工作，替農民服務。「池上，是滋養我們的地方，基於對這地方的感情，想要保護這片土地，我們不能看到池上米的優勢漸漸沒落。」賴老師將他的教育熱忱從學校延伸到整個池上，**當我急於推動一連串改變卻未能取得其他人共識，池潭源流協進會在關鍵時刻的出現與協助，爲我指出另一條路。**

有了賴老師的協助，我們時常閱讀、研究相關法律文獻，以解決當時產地認證所遭遇的種種問題，並草擬後續各項規範建立與執行細則②，包括《台東縣池上鄉鄉徽使用辦法「農業類—稻米」執行要點》《池潭源流協進會「池上米」認證標章管理規範》。

② 黃宣衛，《成爲池上》，新北：左岸文化，民國一一一年，頁一八七至一九〇。

3 從抗爭到建立標章

雖然突破公糧價創造歷史、池上米得獎滿貫、教育課程辦得如火如茶、產地認證即將展開，但內部紛爭未曾停歇。

有排頭沒有排尾的共同品牌

之所以提出共同品牌的想法，是因爲我認爲池上需要的是「行銷」，而不是「設廠」。我們六家米廠應該把重心放在市場行銷，如果能夠以一個「共同品牌」的方式，讓消費者認明單一品牌，就能遏止仿冒。有了品牌，對於推行各種行銷活動也更有效，民國九十一年底在台中廣三SOGO辦的展售會就是一例，當時即以「多力米」做爲池上米的品牌行銷推廣。

然而，品牌經營需要時間與策略，當消費者還未能將「多力米」與「池上米」劃上等號，市場銷售未能看出成果前，共同品牌協會成員開始出現異議。

當時池上六家加工米廠，除了池上農會與我們建興米廠，其他規模都太小，因爲WTO進口米的低價傾銷讓米廠對未來感到惶恐，降低加工投資意願。如果每家出資五百萬，六家共三千萬共同集資設立精米廠來共同使用，這樣就能創造規模經濟，提高產能利用率。但在那個時間點，這樣的想法過於超前，不被其他米廠接受。

我當時很天眞，認爲提高穀價後的分級計價制度，讓農民收益提高，進而能得到高品質的稻穀，能提高售價，銷售就會成長，營業額跟利潤就會增加……想起來一切都很美好。但當時似乎只有我這麼想，其他廠商不以爲然，都站在我的對面。

品質計價的加價部分，每一公頃地要額外付出將近兩萬元，池上當時種植面積近一千五百公頃，一年兩期稻作換算下來，等於一年有近六千萬的差價損失，在消費端未能銷售出去前，這些要先由米廠先行吸收。為了支付因品質計價額外的支出，共同品牌協會當初要求每家米廠出資五百萬，做為品質計價加價收購的現金準備。在未能明確看到成果之前，有兩家小型米廠先行退出。

到了民國九十二年二期稻作，池上鄉農會以銷售不佳、不堪虧損為由，率先退出共同品牌計畫，剩餘的兩家米廠也紛紛退出，「多力米」這個共同品牌為期不到兩年即宣告結束，僅剩我們建興米廠一家。

品質計價制度與銷售末段差價，確實得由米廠先吸收，即使一年虧損四百萬，也是初期必要的過程，只是其他人無法跟我同樣看到未來的結果，無法理解共同品牌的真正意義與效益。

隔年民國九十三年池上米獲全國稻米品質競賽冠軍，池上米的銷售成績快速提升，很快就轉虧為盈，證明我的想法是對的。

在這段過程裡，我已經證明「品質計價」是提高品質、突破米價、翻轉劣勢的方法，這條路其他人不願意走，我們米廠一定要繼續下去。品質計價的制度既已建立，農民已經接受，其他米廠不得不跟。至於「多力米」這個品牌名稱，身為排頭的我不願放棄，註冊「多力米」商標，以「池上多力米」為名成立公司，後來還成立「多力米故事館」。

池上地理標章破繭而出

民國九十一年池上米商標申請遭中華民國稻米協進會提出異議，主因便是「地名」能否成為商標註冊的爭議。

根據WTO TRIPs的規定，「法國香檳（Champagne）」強調香檳酒起源於法國北方香檳地區，以指定的葡萄品種、生產加工方式所釀造之氣泡酒，已具有長久歷史，故要求其他國家製造氣泡葡萄酒不得使用「Champagne」的名義來販售。另外其他如法國干邑白蘭地酒（Cognac）、法國洛克福乳酪（Roquefort）、印度大吉嶺紅茶（Darjeeling）等，在歐盟與其他國家向WTO提出修正意見後，亦將產地標示納入TRIPs協議之地理標示保護。

民國九十一年台灣正式加入WTO後，須符合WTO TRIPs相關規範。其中，農產品的地理標示可以用「產地名稱」來做爲商標的權利，這與我國「產地名稱不得做爲商標」的商標舊法相牴觸。因此經濟部智慧財產局與農委會研擬修法，以配合國際規範。

當時台灣大學農藝系郭華仁教授與輔仁大學財經法律系陳昭華教授，都非常關心產地證明做爲商標的議題，分別指導學生以地理標示爲主題完成碩士論文。郭教授甚至在民國九十二年發表〈池上米地理標示的省思〉一文，倡議周全修法的急迫性。當時的經濟部智慧財產局商標權組組長更是四處奔走，與教授們共同促成修法，而那位組長即是經濟部現任的王美花部長。至今，**我們非常感念當年郭教授與王部長的大力協助，加速了國內商標法修訂，讓我們池上米產地證明標章申請省下不少時程。**

民國九十二年十一月二十八日經濟部智慧財產局修正商標法第七十二條條文，增列「產地」爲證明標章註冊範圍之一。由池上鄉公所名義向經濟部智慧財產局申請的池上米商標申請，在符合「產品特性來自於該地理來源」的規定下，池上鄉公所終於在九十二年十二月一日收到經濟部公文來函，「池上米®商標」屬於池上鄉公所所有，成爲台灣第一個符合WTO地理標示規定的商品。只要產自池上境內的稻米，經過池上鄉公所認證就能符合資格，貼上產地證明標章。

誰知地方阻力不斷

當池上米®商標好不容易取得合法，卻引發地方紛爭，最大的反對力量竟來自農民代表所選出的農會。

當時的農會理事長說：「一個地方怎麼能有兩個農業推廣股？」這除了是守舊觀念所致，也因爲牽扯各方利益與當地政治勢力，有少數人擔心自身權益受損。例如，當池上米商標全面實施，就要按照規範執行，有些處於界段生產的稻米，就會面臨收購價的巨大差異，少數人不願自身利益受損，便想辦法阻擋商標執行。

然而，根據商標法規定，經濟部核發的池上米®商標屬於池上鄉公所，池潭源流協進會無法做爲認證單位，必須由政府機關執行。時任鄉長也是現任池上鄉農會理事長的李業榮，雖然跟我們同樣都是池上農家子弟，也認同產地標章的重要，卻礙於各界壓力與執行困難而採被動態度，遲遲未能執行。

王美花部長時任智財局商標權組組長，即使在池上米®商標取得合法後，對我們的執行進度仍非常關切。**她見我們一直未能執行感到憂慮，於此期間多次主動聯繫我們，關心執行進度，並提供很多法律觀點的提醒。**

當時我們取得標章權後，認爲就有權利檢舉仿冒，但她認爲執行證明標章權時容易發生衝突，提醒我們**應該先擴大全鄉標章使用覆蓋率超過五〇%以上，證明商標權的執行代表池上多數人的主張，再去抓仿冒**，以法律觀點考量才有勝算。同時多次提醒商標取得後必須在三年內實際執行，否則商標權將遭取消。我們好不容易取得池上米®商標，再不執行，這些年的努力就前功盡棄，所以我們不斷給鄉公所壓力，希望能盡快取得共識，盡速執行。

李業榮鄉長後來指派對嫻熟行政程序、時任鄉托兒所所長的張堯城，協助擬定池上米註冊證明標章使用執行要點與管理規範。九十三年十二月初鄉公所提出認證規畫與百餘萬元經費提案送鄉代會審議，預計採購相關檢測設備儀器和僱用人員調查，卻遭鄉代會以缺乏有效管理機制爲由打了回票。十二月二十七日，有九位池上鄉民代表連署提案，要求鄉公所暫緩執行台東縣池上鄉鄉徽使用辦法，理由爲「缺失頗多且執行層面未臻完善，造成農民怨聲四起，有違增加農民收益之美意」。

池上農民被迫第一次上街頭

鄉代會這只臨時提案，很快就傳出消息。當時有鄉代會代表說：「因爲你們推證明標章，結果造成穀價下跌，以後不准再談。」前一年的穀價下跌是因爲ＷＴＯ開放進口稻米導致，與產地標章推動完全是兩回事，我們做產地證明是爲了解決危機，你們卻是將危機原因歸咎於我們。我們已經在執行的池上鄉徽產地證明標章，卻要被幾個人的一只提案要求收回，我們怎能接受？

當時公糧價每百台斤一二六〇元，按照我們當時產地認證的品質分級計價，池上米的穀價可達到平均約一五〇〇元，中間價差二四〇元，以一公頃地平均收成一百包的產量、池上當時約一五〇〇公頃的種植面積，每期稻作將有高達三千六百餘萬元的價差，農民當然想要繼續使用產地標章，鄉代會此舉直接影響農民收益，豈不造成農民反彈。

那些爲了顧及自身利益，惡意阻擋產地證明標章推行，或是冷漠以對等著看好戲的人，誤以爲這樣阻擋，我們就會因此放棄，他們大錯特錯。每個人的成長背景不同，我從小到大在米廠工作，日復一日將稻穀、米包一包一包從地面扛到屋頂，直到完成，我不懂得「放棄」。我們爲產地證明一路努力這麼久，都是爲了池上整體利益，早就達成共識，怎能讓少數

2 台東要聞 更生日報 中華民國九十三年十二月二十九日／星期三

台東要聞

池上米標章認證遲未上路

姑息仿冒池上米 池上農民的悲歌

鄉代會從中作梗？米農丟雞蛋抗議

質疑與糧商有利益掛勾 鄉代會主席林文堂出面協商表示將儘快審查鄉所預算提案 農民要求訂出時間表

圖 2-6　當時事件登上更生日報版面。

幾個人說停就停。

既然說不通，就比拳頭大小，隔天就去鄉公所門口舉白布條、丟雞蛋抗議。

我們一早帶著已有眾多農民簽署的陳情書，與七、八十位農民去鄉公所門口抗議，白布條上寫著：「姑息仿冒池上米，池上農民的悲歌。」鄉長與鄉代會代表請我們上樓去談，我對現場所有人語重心長說了一段話：「以前『以農養工』，壓低穀價扶植工業，在閉關自守情況下，低穀價讓農民很苦。我們米廠經營到現在，就是靠農民的支持；過去農民撐我們六十年，只要我們有能力，我們也會繼續撐農民六十年。」語畢現場掌聲四起。

產地標章這件事不是爲我一個人，也不是爲我們米廠，是爲了所有池上農民。我們一路走來，辦課程、做紀錄，甚至賠本加價收購，都是爲了能夠完成「產地認證」的目標。我們花了很多時間傳遞這些觀念，農民也已經深刻了解，並達成共識，大家已經站在同一陣線。兩百多戶的契作農民，幾十年的交情，那個影響力很大，這些反對的人完全忽略我們這些年所做的努力，忽視我們對農民的影響。

體制內改革勢在必行

抗爭的過程，只是手段，結果能帶來什麼改變才是重點。

這段抗議事件讓我明瞭：一直以民間單位的角色在體制外改革是無效

的，要推行政策仍必須藉由體制內改變，具有實質影響力，才有辦法順利推行。

當時正值地方選舉前，每個農民都有選票，誰掌握農民選票，誰就有影響力，我們還特地選在選前兩天辦稻米競賽，就是爲了凸顯我們對農民的影響力，這不是政治勢力可以左右的事。爲了讓產地標章一事順利推動，我們甚至在想，乾脆自己來當鄉長！除了慫恿賴永松老師去參選，其實我也同樣把一份鄉長參選報名表放在車上，心裡想著，若最後迫不得已，我也會跳下去選。我們不是眞的要去選鄉長，要去爭權位，我們只是爲了推動對池上有益的產地標章。

最後，當時欲爭取連任的李業榮鄉長同意支持我們，決心執行池上米認證。他並不是屈服我們的訴求，而是清楚知道我們不是爲了搶奪其位與他硬幹，他理解並認同我們的想法。只要認同我們的，我們就支持，當他承諾願意執行，我們就繼續支持他連任。而那些僅顧及自身利益，與我們農民想法相悖的人，我們就用選票下架他。

除了鄉公所、鄉民代表，甚至農會理監事與總幹事改選，我們同樣透過這種「選舉」的體制內改革，讓我們所支持的代表，一起在體制內協助後續政策的推動。這種「體制內改革」，不是「搓湯圓」分贓利益，如果出發點不是爲農民好，或是沒有站在農民的利益去思考，我們絕對不會支持。所以池上近年的地方選舉裡，完全沒有政黨色彩，鄉長與鄉代會主席都是無黨無派，因爲在池上，農民才是最大黨，農民的意見才是主流。我們做的這些事，不會因爲誰當鄉長、誰當總幹事而有變化，是從「制度」著手，不因「人」而影響政策執行。

從民國九十二年十二月一日取得經濟部商標授權，歷經兩年的波折與努力，執行各項細節修正，池上產地證明標章改以「池上米」三字新的標章設計圖案取代原來的鄉徽，鄉公所完成儀器設備採購與檢驗站的設置，訂定《台東縣池上鄉公所「池上米」註冊證明標章使用管理規範》，並完成所有行政程序。

在鄉長與鄉民代表選舉的前兩天，民國九十四年十二月一日，池上鄉公所終於發出第一張池上米產地證明標章，由我們池上多力米公司（建興米廠）領得這枚全國第一張、也是全亞洲第一張的產地證明標章。

這枚標章的意義重大，沿襲共同品牌時期所推動的分級計價，將提高穀價的效益遍及全池上鄉。只要跟所屬輔導米廠簽約契作，在符合規範條件下，都能享有高穀價，池上農民收入大幅提高，不用再陷入賤價傷農的處境了。

池上米標章規範大功告成

在第一版池上米標章規範裡，幾乎有八十五%以上的內容都是由我親自撰寫，我非常清楚這一張貼紙帶來的後續效益有多大，一袋袋的包裝米上有了這張「池上米®」的標章貼紙，價格就比沒有貼上標章的多了幾十元。以兩公斤裝為例，有無標章貼紙就有六十元的差價，一年兩期稻作累積的收益差別很可觀，任誰都想要擁有這張貼紙。但它不該是齊頭式的獲利，想要有所得，就要有所付出，這才公平，也才能走得長遠。

我們設立明確規範，要求米的品質，**除了保障池上農民權益，同時爲消費者把關**。

池上米認證標章向消費者作出四大保證：

一、**安全：**必須通過農藥殘留檢測，確保交給消費者的米安全無虞。

二、**品質：**須符合國家規定的稻穀容重量與加工成白米或糙米的外觀標準，食味值亦須達六十五分以上。

三、**產地：**池上鄉行政區域內的水稻田所生產的米，才可以認證「池上米」。

四、**倉儲：**有專倉或明確區隔儲存。

安全保證

池上米認證固然是爲了保障我們池上的自身權益，但我認爲更重要的是從消費者市場端角度，做到安全與品質，才是認證的最大意義。

以民國一一一年鄉公所認證面積資料統計，池上鄉的水稻栽種面積爲一六八〇公頃，是花東縱谷栽種面積最小的鄉鎮。我們的產量雖然無法跟其他鄉鎮相比，但我們的有機栽種正逐年擴大，已達一八六．六公頃，爲全台東縣有機米栽種面積之冠。池上的有機栽種比例已達十一．一%，但其他仍以慣行農法爲大宗，我們必須確保池上的水田土壤不受汙染，農民確實遵守用藥規定，保證整個池上生產的稻米安全無虞，能讓消費者安心食用。

但怎麼保證安全？這不是自己說了算，要有標準定義。我們生產的米，必須符合各項農藥殘留安全容許量、食米黃麴毒素與重金屬限量標準。

我認爲「安全」是所有規範裡最重要的條件。因此早在標章認證規範實行前，我們建興米廠在民國九十三年就已經有完善的檢驗設備與作業流程，是池上最早設立檢驗站的米廠。池上米標章規範施行後，稻米檢測制度擴展成全鄉實施，就由池上鄉公所設置檢驗站，以第三方角色做爲管理單位，更具公信。

池上鄉公所設置實驗室做爲檢驗站，編列經費購置設備、培訓專業人員，有專職人員負責檢測。檢驗費用每一分地三十元，全部由農民所屬的輔導米廠支付，農民完全不用繳錢，檢驗費用則做爲維護檢驗站藥劑耗材的支出。

農民收割前十至二十日，須向池上鄉公所申請農藥殘留檢驗，檢驗站會派人到農民田裡採樣進行各項檢測，通過檢驗符合規定才能向各米廠繳交稻穀。如果沒有通過檢測，檢驗站會實行公告，鄉間消息流傳速度很快，誰的稻穀未達農藥殘留安全容許量，隔天大家都知道，而且池上的所有米廠都很配合，絕對拒收，這是很殘酷的。

這套**全國首創以「鄉」爲執行單位的稻米農藥檢測制度**，成爲台灣其他稻米產區仿效的對象。

品質保證

評斷米的品質高低主要可分爲碾米品質、外觀品質和食味品質。碾米品質的標準指稻穀碾成糙米的完整粒比率或白米成品率；外觀品質則以所含較差米粒③的多寡認定；食味值則指米的食用口感。我們的標章規範裡規定稻穀容重量與加工後的白米或糙米須符合國家CNS標準，同時規定食味值至少要六十五分以上，就是要保證好吃，若能在鄉內競賽中獲獎的優質米，都有八十五分以上的水準。

透過科學儀器檢測，將品質化成數據資料，做爲評定品質好壞的依據。

③包括被害粒、白粉質粒、熱損害粒、異形粒、碎粒、夾雜物等，這些物質含量越少，品質越好。

產地保證

池上生產的米稱爲「池上米」，理所當然毋庸置疑。但過去仿冒者有恃無恐，爲了自身利益，「掛羊頭賣狗肉」欺瞞大眾，損害池上農民、糧商與消費者的權益，且無法提供食用安全保障。池上米既已成爲經濟部登記有案的商標，取得合法地位，便能透過法律途徑，杜絕仿冒。

民國九十七年以後，池上鄉公所每年編列五十萬預算，做爲稽核與法律相關費用，派專員不定期到各大通路市場訪查，發現沒有貼池上米標章、卻打著池上米名號者，隨即逕行調查並發出存證信函與後續相關訴訟。通路賣場不可能爲非法業者背書，只要收到存證信函，就會立即下架，仿冒者沒有任何生存空間。

倉儲保證

池上的米包含一般慣行農法與有機種植，從收穀、加工、到倉儲，都是分開作業，也有個別倉儲保存。另外，稻米爲生鮮食品，有保存限制，爲了維持穩定品質，池上米都要有專倉或明確區隔儲存。

符合以上各項規定，檢具所有證明文件，農民可以自行或委由米廠協助申請證明標章。

池上米®五年磨一劍

每一張「池上米®」標籤貼紙以流水編號管理，藉此查驗來源，並由鄉公所控管認證數量，確認與產量相符。同時設有抽驗小組，每期至市場不定期抽驗，確保市場上貼有「池上米®」標籤皆符合池上米認證規範。

但這張標籤貼紙不是免費贈送，申請時依照包裝重量差別須支付每張

一．五至四元不等的標章申請規費；鄉公所亦提供池上米公版包裝袋，同樣依包裝重量計價，每個包裝袋三至七元不等。這些標章貼紙與公版米袋等規費的總收入之二〇％挹注予鄉公所，做爲回饋地方教育、公益、治安及慈善事業等支出，對地方公共事務是最直接的幫助。有了產地認證，對大家都有好處，包括米廠、契作農友、自產自銷農民、鄉公所、全池上都能「雨露均霑」。

我們沒有強制所有農民都要申請標章，但如果不參加池上米認證，其實是自斷手腳，無法賣得好價錢，甚至可能賣不出去。有些原本位處邊陲的村落，過去通常就近繳交稻穀至鄰近鄉鎮，但爲了能得到較高價錢，即使離池上的米廠較遠，也紛紛改繳回池上。

「池上米」品牌已深植消費者心中，它與坊間的米已經拉開一段很遠的距離，品牌效益明顯可見。康健雜誌在民國九十四至九十六年進行健康品牌讀者票選，池上米連續在米類品牌蟬聯第一名，以超過五十分的分數，遙遙領先第二、三名。

從民國八十九年參觀日本MOA回來後開始推動池上產地證明，到民國九十四年十二月一日我們建興米廠拿到全國第一張產地證明標章，花了五年時間達到全鄉受益。「五年磨一劍」，我們一路走來跌跌撞撞，與各單位不斷磨合，還有一群從未參與過社會運動的憨膽之人跑去鄉公所門口拉布條、丟雞蛋抗議，好不容易才走到這裡。對農民和廠商來說，只要認同我們理念，這是照規矩、符合規範就能做到的事，一開始確實不容易，如今，豈有不跟隨的道理。

九十四年時，我們的標章使用率占全鄉不到二成三，到現在幾乎所有池上農民都已加入產地認證。而當時不願支持品質計價、產地認證的池上農會，現在也成為全國供銷盈餘第一的農會，證明我們走的路沒有錯，這段努力都是為了池上整體受益。

一定要結合農友與營運主體一起共同規畫與執行。營運主體依作物而異，稻米產業即指米廠，茶葉為茶廠，水果則為盤商。推動產地證明標章，一定會讓少部分的人權益受損，衝突時必須割捨，來成就在地農友，維護大部分人的利益。為什麼很多地方產地商標無法執行，就是因為彼此的權利義務沒有講清楚，若不講清楚會越走越艱困。

4 比賽背後的深意

「『池上米®』認證得來不易，它也是高穀價的保證，所以每一個池上農民與米廠都會全力維護品質；一旦有人大意造成品質不佳，打壞這個品牌形象，將會帶來池上的災難。」民國一一一年全國稻米達人有機米組冠軍唐金滿說過的這段話，證明池上米產地證明標章正式實行近二十年來，是所有池上農民與米廠戰戰兢兢、努力維持的成果。

這枚標章代表池上米的品質保證，但如何持續維持高品質，我們用「比賽」來達成。

比賽目的是為了讓農民無止盡地追求品質

在池潭源流協進會辦教育訓練課程時，「品質」一直是我們向農民耳提面命的事。

分級計價制度實施後，農民之間談論的話題，漸漸從「這次收割幾斤？」變成「這次稻米容重量多少？食味値多少？」因爲品質好才可以賣到好價錢，農民不會再追求產量，就是我們一直強調的「以質計價」，而不再是「以量計價」。透過品質計價、產地認證，鼓勵農民「提升」品質；但要「維持」品質，就要有持續的做法，我們的方法就是「比賽」。

比賽的目的，是爲了讓農民無止盡地追求品質。透過比賽切磋，用實際的科學數據來評斷高下，再回溯田間栽培紀錄去探討品質優劣的差異，讓農民從中互相求進步。但如果比賽誘因不足，就沒有成效，所以我們不能只辦比賽，還要提供高額獎金。

沒有冠軍米英雄　只有冠軍米團隊

農糧署舉辦的全國稻米品質競賽，分良質米、有機米兩組，良質米組爲慣行農法種植，由鄉內第一名代表參加全國賽，有機米組則依鄉鎮賽參賽農友有機米驗證面積總和計，分配進入全國賽名額④。全國競賽一年只有一次，僅限一期稻作收割後進行，所以多數農會一年也跟著只辦一次，在二期稻作選擇不辦。

但池上跟別的地區不同，在產地標章正式施行後，爲鼓勵農友追求品質，我們一年舉辦兩次，讓農民不要鬆懈，全年兩期稻作持續維持競爭力。鄉內的稻米評比由池上鄉公所主辦，一期稻作由池上農會承辦，二期稻作則由我們建興米廠多力米公司負責。

雖然是鄉內競賽，但我們的比賽獎金非常豐厚，全台灣只有池上在稻米比賽裡能提供一年總額約三四〇萬元的高額獎勵。這筆獎金對農民而

④ 全國賽有機米組依鄉鎮賽參賽農友有機米驗證面積總和分配名額，二十公頃內派一名，二十至五十公頃派二名，五十公頃以上派三名參加全國賽。民國一一一年池上鄉有機米驗證面積總和爲一八六．六公頃，可推派三位參賽。

言，是額外收入，但獎勵的金額要夠高才有足夠的吸引力，農民才會拚命追求品質。以民國一一一年爲例，獲獎的農友最高可獲得將近二十萬元的總穀金，我們用實質的獎金鼓勵種出品質最高的農友，其他人看到別人得獎，不只獲得榮譽，也拿到實際回饋，莫不卯足全力，爭取下期比賽獎金。

在密集與激烈競爭訓練下，鄉內的佼佼者代表池上去全國競賽時，已具高度水準，得獎通常不是難事。

民國九十七年，池上的農友林翠蘭獲全國十大經典好米。民國一〇七年到一一一年，除一一〇年停辦，連續五年台灣稻米達人有機米組冠軍都在池上，分別是曾鵬璋、謝美國、官聲燐、唐金滿。這四位稻米達人年齡各異，有資深農民，也有青壯代表，足以見證池上的農民個個有機會拿冠軍。所以我時常說：「我們不是要創造冠軍米的英雄，而是要成爲冠軍米的團隊。」

冠軍米團隊的祕密——應用數據，複製成功

我們能產出冠軍米團隊，跟長期累積的大數據有關。

在這些冠軍得主誕生前，我們已經掌握種出高品質稻米的關鍵因素，例如何時插秧最好？何時割稻的品質或產量最好？這些我們都知道，因爲這些數據來自全鄉大量且完整的資料，從每次鄉內比賽獲獎者的栽培紀錄裡，去分析歸納後，再藉由後續課程與訓練，讓這些成功經驗得以被其他農友複製。

以民國九十七年榮獲「米后」頭銜的林翠蘭爲例，她原本是從台北嫁來台東的都市女孩，跟先生一起種稻十二年，一直遇到挫折。直到參加產地認證的教育訓練課程，得到專業輔導，參考冠軍米的栽培紀錄，檢討並改變耕種方式，努力幾年後，果然最後獲得佳績。

不只像林翠蘭這樣原本來自都市的女孩能種出冠軍米，來自部落的農友也辦得到。池上鄉民國九十九年二期稻米品質競賽中，從二百位參賽

者中脫穎而出的冠軍，就是由布農族的農友林志誠拿下，他是鄉內首位布農族米王。還曾經有位完全沒有種稻經驗的農友，因爲沒有種過，不受過去經驗束縛，經由課程訓練，認眞學習複製我們教授給他的冠軍米種植方法，在首次參賽初試啼聲，就晉級到鄉內競賽前二十名。

這些實例都一再證明，我們不只能種出冠軍米，透過成功經驗的複製與學習，讓整個池上就是一支冠軍米團隊。

正因爲冠軍團隊來自成功經驗的複製，所以我們的比賽章程裡有一個最重要的基本規定：一定要繳交栽培紀錄。如果有人不願意分享自己的栽培過程，只想拿獎金，這樣對池上沒有幫助，我們不會讓他參與。

除了成就冠軍團隊，比賽也是幫助我們有效分析樣品的方法之一。

池上農會與我們建興米廠的契作農戶最多，占池上鄉絕大部分的比例，每期稻作約各有多達五百多個樣品，加起來一千多個，若做全部分析毫無意義，所以要怎麼找到優質好米的栽培祕密，只有藉由比賽取出前十名優秀者的栽培紀錄去做分析，這樣才有效益。（見表2-6）

從栽培紀錄回溯管理

我們辦比賽，不是爲了找出第一名而已，而是要找出最好跟最差的原因。

知道冠軍米的決勝關鍵很重要，但落後者與冠軍差異原因也值得探討，就像收成不好時，對我們仍有意義。負面教材能讓我們找出導致品質差、收成不好的關鍵因素，當下次同樣狀況來臨，才有辦法因應。

舉例來說，某一年收成不好，我們反推原因發現那年正好遇上閏年，農曆除夕時間較早，秧苗場過年要休息數日，農民被迫提早插秧，結果遇到四月清明過後寒害（低於十五度），導致全鄉收穫量少三成，損失近七千五百萬。後來再度遇到閏年，我就發文給鄉公所農業課、縣政府農業處，請他們提醒農民一定要在二月四日立春過完年後才插秧，以免重蹈覆徹像上回一樣遇到寒害。

不過，即使我們提出專業建議，農民也不見得理會。所以我再找農

農地座落地號：
台東 縣 萬安 小段
池上 鄉 244 號
萬安 段

91 年 2 期
認定證號碼：8903-1-007
登錄自 90 年 2 月 準認定 90 年 10 月

2-2 使用資材 病蟲、雜草管理			3. 產量 / 價格
資材名稱	使用量	使用日期	
(1)	(2)	(3)	3-1 總收獲量 7070kg 公斤 3-2 總出貨量 公斤 3-3 產地售價 最高： 元 / 公斤 最低： 元 / 公斤 平均： 35 元 / 公斤
N：P：K：Mg = (5：5：2：2)		月 日	
		月 日	
		月 日	
		月 日	
		月 日	
		月 日	
		月 日	備註欄 此次收成參加 91 年度 縱谷良質米競賽獲得頭等獎 總收入 =7,070×35 =247,450 元 總支出 =85,000×1.2=102,000 元 收益：145,450 元 平均每公頃 收成：5891.60 公斤 收益：121,208 元 / 公頃
人工除草 2 人 *2 天		8 月 24 日	
		8 月 25 日	
N：P：K：Mg = (4：3：3：1)		月 日	
		月 日	
		月 日	

確認日期：92 年 5 月 20 日【茲證明上述栽培內容無誤】

表 2-6　蕭煥通班長民國九十一年二期有機米栽培紀錄。

姓名：蕭煥通	栽培作物名稱：水稻（台梗 2 號）
電話：861203	栽培面積：　1.2 公頃
行動電話：	食味值： 83 分 容重量：585 G ／ L

1. 管理作業		2-1 使用資材 施肥、土壤培養等		
1-1 作業名稱	1-2 作業日期	資材名稱	使用量	使用日期
		（1）	（2）	（3）
施基肥	7 月 13 日	農大 9 號	48 包 *20 kg =960 kg	7 月 13 日
追加基肥	7 月 14 日		12 包 *20 kg =240 kg	7 月 14 日
放水打田	7 月 21 日			7 月 21 日
施肥	7 月 22 日	苦茶粕	4 包 *10 kg =40 kg	7 月 22 日
插秧	7 月 31 日	台梗 2 號	280 箱	7 月 31 日
第一次追肥	8 月 15 日	農大 9 號	24 包 *20 kg =480 kg	8 月 15 日
第二次追肥	8 月 29 日	農大 9 號	24 包 *20 kg =480 kg	8 月 18 日
人工除草	8 月 24 日			
	8 月 25 日			
穗肥	9 月 12 日	新樂園 1 號 農大 9 號	14 包 *20 kg	9 月 12 日
割稻	11 月 26 日	黑綠旺	4 包 *20 kg	月　日
	月　日			月　日

檢驗（定）員簽章：

會一起召開農民會議，告訴他們為什麼要延後插秧，甚至用實質獎勵當誘因，如果有依照建議在立春以後才插秧的農民，一甲地補助一千元（秧苗），只要一通電話來，我們就派人去田裡拍攝確認。

回溯田間栽培紀錄，找出收成不好，或品質欠佳的原因，就能避免未來可能發生的錯誤與損失。

栽培紀錄能讓我們有效監控並維持池上米的品質，因此我們在標章申請規範裡，明文要求申請時都須附上稻穀栽培管理紀錄簿。

失誤最少的會得冠軍

比賽，是為了一較高低，但當實力相近時，就是比誰的失誤最小。

我經常跟農民講一句話：「什麼叫冠軍米？不是你最會種，不是你的土壤好，而是失誤最少的會得冠軍。」比賽第一跟第二名的感覺雖然只差一名，但那個實力不是差那一點，所有的小細節你都不能漏掉。

民國九十三年九月十日，農委會農糧署舉辦第一屆全國稻米品質競賽，包括我們池上，總共十一個農會參加，每個農會派一代表競爭冠軍米的頭銜。過去池上雖然屢次獲獎，但都僅止於台東縣內或花東地區，這是第一次全國競賽，是池上米讓人矚目的機會，我們勢在必得。

當時比賽規則以白米爲參賽樣品，不像現在是針對稻穀的規格。由於機器加工篩選作業有其極限，即使用色彩選別機將白米篩選三次，剔除被害粒、白粉粒、夾雜物等不良參雜，仍會有百分之一至二左右未能篩出。

雖然我們的稻米品質好，本來就會贏，但我要求百分百良率，將失誤機率降到最低，不容許任何低級的錯誤。既然機器做不到百分百良率，我就找人來挑。我們找了三十個人，從兩公噸米中仔細篩選，挑出完美無瑕的白米，耗時十五天，以工時計資花了三十萬元。

比賽當天，我們信心滿滿地北上到板橋農會現場，成績一公布，池上獲得第一屆比賽總冠軍，池上的稻農代表邱垂昌以八九．二的分數得到第一名，第二名美濃農會的成績八三．七三分，我們以五．四七分遙遙領先

（見表2-7）。後來在冠軍米拍賣會上，僅有一百公斤的冠軍米，池上邱垂昌農友的米以一公斤六千元的天價標出。

這件事的媒體效應很大，人人知道池上米是全國冠軍米，當時的全家便利商店還來找我們合作推出冠軍米便當。緊接著第二、三屆全國稻米品質競賽的冠軍，同樣由池上農友林龍星、林龍山拿下；民國九十四年時，之前獲獎無數的萬安有機米產銷班蕭煥通班長，在第一屆全國有機米評鑑中也得到冠軍。

在比賽得獎效應，加上產地證明標章正式施行的雙重影響，池上米在消費市場的知名度更加提高，池上米的銷售成績迅速成長。比賽讓我們縮短虧損的時間，我們米廠終於轉虧爲盈。過去用提高穀價的方式，鼓勵農民追求品質，我當然知道米廠初期一定會虧損，但誠如賴永松老師所言：**「有些事情短期或許看不見成果，但拉長時間來看，只要確定是對的事，就一定要繼續做。」**

我們當初不知道會有全國比賽，也不知道一定會拿冠軍，但因爲我

樣品代號			5 池上農會	10 美濃農會	3 埤頭農會	9 霧峰農會	1 五結農會	2 西螺農會	6 關山農會	11 鹿野農會	8 大甲農會	4 草屯農會	7 民雄農會
農糧署評審團	外觀	（一）規格	19.10	15.41	16.67	14.56	18.96	17.27	12.08	14.57	16.31	14.09	11.98
農糧署評審團	外觀	（二）性狀	18.78	16.81	17.11	16.71	16.91	16.39	16.88	16.93	16.47	15.50	
台中區農業改良場	食味	（三）食味計分析 蛋白質含量	8.00	8.00	7.00	8.00	7.00	7.00	8.00	7.00	7.00	7.00	5.00
台中區農業改良場	食味	（四）食味計分析 食味值	9.00	10.00	9.00	10.00	8.00	9.00	9.00	8.00	8.00	8.00	4.00
台中區農業改良場	食味	（五）官能品評 專家評階	16.10	16.70	15.60	15.40	13.40	13.90	15.80	14.50	14.50	14.50	13.20
評審團	食味	（六）官能品評 評審評分	18.22	16.81	17.53	17.32	15.97	16.11	16.78	17.52	16.08	16.97	
合計			89.2	83.73	82.91	81.99	80.24	79.67	78.54	78.52	78.36	76.06	
名次			1	2	3	4	5	6	7	8	9	10	

表 2-7　民國九十三年全國稻米競賽成績表（各農會成績表）。

們在這之前，已經有品質計價與產地認證，早已做好各項準備，當機會一來，我們全力以赴。民國九十一年七月，池上的認證契作價超過公糧價，民國九十三年連續得到冠軍米殊榮，到了民國九十四年以後，池上就再也沒有人繳公糧了。

鄉內比賽不是為了比拚

池上米的優異表現，不只是著重產地、品種與栽培管理技術的全國稻米競賽，針對商品與業者的「精饌米」比賽，池上農會跟池上多力米公司，每年也都是精饌米獎中的常勝軍。對我們來說，比賽不是爲了比拚，而是一種儀式，我們積極參加比賽，證明池上米的品質與實力；藉由比賽，讓我們精益求精。

早期池上的農民，在收割換取現金之前，常常會先向我們米廠周轉，一甲地借兩、三萬，應付臨時的資金需求，但現在池上幾乎沒有農民會需要周轉現金。池上米的成功，讓池上的農民平均收入提高，吸引許多過去離家工作的鄉親興起返家耕田念頭，年輕一輩也願意承接從事農作。

民國九十二年台灣受到ＷＴＯ威脅，農業人口流失，稻米栽種面積縮減，但池上卻是逆成長，從民國九十二年取得「池上米®」產地標章後十年內，池上的稻米栽種面積增加了五％之多。如今，池上的農民有老有少，不再是刻板印象中農村凋零的形象，而以充滿活力與生氣之姿，展現不一樣的農村風貌。

從與農民契作、栽培紀錄、教育訓練、分級制度、突破公糧價、產地證明、比賽獲獎……這一路走來，我們都沒有走冤枉路，也沒有走歪路，**以我的觀點來看，這些全是「捷徑」，因爲那是一條走在最前面、且最正確的路**。雖然一路上不斷遇到問題，反覆修正，不只辛苦，甚至有些不愉快，對於輸贏，我也無法未卜先知，但那個決勝點就是「賭一把」，放手一搏！反正加入ＷＴＯ已經跌到谷底，再不跳就沒有翻身的機會。

二十年後回頭來看，池上的農民走路有風，一切的辛苦都值得了。

民國九十五年，台南後壁鄉無米樂的崑濱伯拿到第四屆全國稻米達人競賽第一名，池上在之前連續拿了三屆冠軍，這回退居第二。為了鼓勵農民種出品質最好的米，重拾冠軍殊榮，我找農會共同捐出三十八萬購置一輛最適合農友的四輪傳動小貨車，做為比賽獎金外的額外獎勵。這件事雖然引起農民討論，但若只是發個文字公告，農民其實無感，我直接找吊車把那台貨車放到鄉公所騎樓前，不但讓農

民每天經過實際親眼看到，也能產生媒體曝光效應。雖然隔年最後未能獲獎，但池上的一舉一動都引人關注。

品質計價制度

「公糧價」造就米價天花板

- 公糧收購造成質差價低的惡性循環
- 「品質」是與進口米競爭的決勝關鍵

「提高穀價」作誘因，「品質計價」為條件

- 將品質數據化做為結價方式
- 農民從心存疑慮到大量跟進

品質提升，連年得獎

- 91 年花東縱谷二期稻作比賽得獎全壘打
- 第一二三屆全國稻米競賽冠軍
- 全國冠軍米頭銜帶動展售會銷售佳績

品質標準與檢驗技術深化成果

- 研發獨步全球的白米成品粒分析儀
- 參照全國比賽標準，持續修訂品質規範

沒有冠軍米英雄，只有冠軍米團隊

- 比賽前十名栽培紀錄分析
- 找出品質差收成不好關鍵因素
- 比賽是為了維持品質與精益求精

圖 2-7　品質計價演進。

池上米® 產地標章

池上米仿冒嚴重

- 池上米商反而不敢在包裝上寫「池上米」三字

聯合米廠成立「池上米共同品牌協會」

- 品質計價制度
- 以鄉徽為產地證明

申請標章過程起伏

- 受限於商標法，地名註冊遭阻
- 外地糧商阻撓池上米商標申請
- 協會成員不願吸收初期虧損陸續退出

池上米® 商標誕生

- 池潭源流協進會加入協助教育訓練
- 商標法修訂增列「產地」為證明標章註冊範圍之一
- 全台灣全亞洲首項符合 WTO 地理標示規定的農產品

透過體制內改革成功執行

- 鄉代會要求暫緩執行產地標章
- 池上農民被迫第一次上街頭抗議
- 民國 94 年 12 月 1 日池上鄉公所發出第一張池上米® 標章

圖 2-8　池上米標章演進。

Part 3

—

要進步就要尋找下個目標

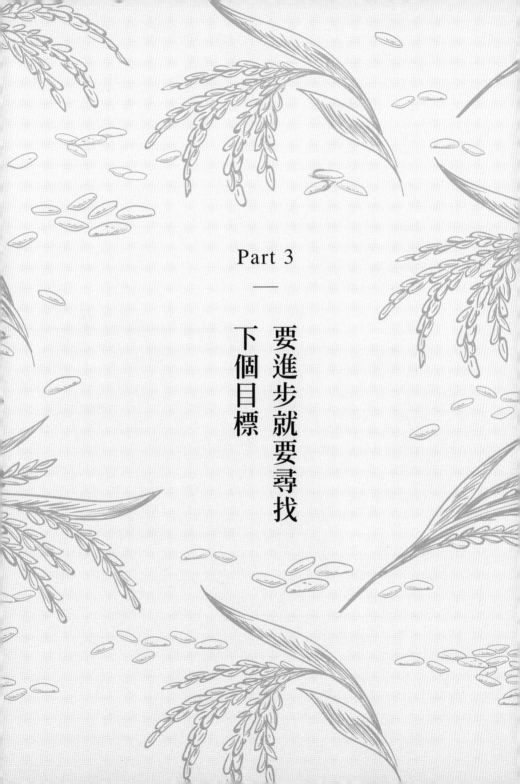

1 藝術美學注入池上農村生活

在軍事理論裡，永遠要塑造一個敵人，有敵人就會讓內部團結同仇敵愾，沒有戰場要怎麼打仗？我們當然不是要打仗，但永遠要尋找目標。

從民國八十九年到民國九十四年，推動池上米產地認證需要農友、糧商、鄉公所三方達成共識，這讓我們在鄉內磨了五年，當這些意見整合完畢形成共識後，團結的力量更強大。我們需要尋找下一個目標。

穀價提高、品質提升、產地認證推行後，固然讓池上農民與糧商收入增加，整體生活改善，但也讓池上給外界的印象似乎銅臭味太重，在稻米比賽中老是要爭奪第一。有人說：「池上人很刺。」

回想MOA的啓發——藝術美學注入農村

圖 3-1　MOA 參訪時特別強調藝術和美學的重要。

民國八十三年開始做有機栽培時，我到日本MOA陸續參訪三次，每一次都很驚豔，很有收穫。一開始是爲了學種有機米，想要精進栽培技術，沒想到除了到農場、農家參訪實習，也去了料理餐廳、陶藝教室，參觀MOA美術館與箱根美術館，甚至還學茶道、插花。我心裡想，這跟友善農耕有機栽培有什麼關係？MOA的農業哲理跟我們過去對農業的想像很不一樣，除了要提供友善農耕安全的飲食來源，還要有文化藝術生活的學習，與整合醫療的準備。

在農民一天的作息裡，大約有三分之一時間在田裡工作，扣除睡覺、用餐，其餘時間要如何消磨？若不把文化藝術、美學素養帶進農業生活，很容易受其他不良嗜好影響，賭博、酗酒在農村時有所聞，問題很大。

受ＭＯＡ參訪見習的啓發，藝術美學不是特殊階級獨享的專利，也不是高不可攀的殿堂，而是人人都能親近，與日常生活結合的精神食糧，尤其在純樸的農村生活更需要藝術美學的注入。

擁抱機會　打造文化之鄉

民國九十七年，台灣好基金會尚未正式成立前，已在花東沿線尋找在地合作夥伴。基金會前執行長徐璐姐、創辦台東利嘉國小梅園利卡夢音樂祭的前利嘉國小張中元校長，兩人一同來到池上，與當時已從國中教職退休的賴永松老師相談甚歡。

原本就對藝術涉獵頗深的賴永松老師認為，當池上的產業穩定足以溫飽後，就要注入多一點藝文氣息，讓池上人不只在經濟生活提升，也要豐富精神生活，有文化與藝術，地方發展才能長遠。我那年正好擔任池潭源流協進會的理事長，賴老師與我都希望池上不只有冠軍米，還要有更深層的藝術文化，而台灣好基金會在在地深耕與活動經驗上非常專業，我們欠缺的就是這些。

當這個機會來了，我們熱情擁抱。我跟台灣好基金會說：「**只要你們提出需求，我們池上全力配合。**」池上最後成為他們當時推動的台灣光點計畫之一，希望將池上打造成文化之鄉。

民國九十八年池上舉辦第一場秋收音樂會，現場觀眾人數約六百人，這在一般戶外演出活動裡規模不大，但鋼琴王子陳冠宇在天空映襯下的一片金黃稻穗間彈奏鋼琴，悠揚的音樂旋律隨著稻浪搖曳，唯美浪漫彷彿夢境，卻眞眞實實呈現在眾人面前。

在那次活動中有媒體記者用相機記錄下那前所未有的精采畫面，後來竟登上知名媒體《TIME》雜誌的國際版面，成為眾人矚目的焦點，引發不少討論。這讓我們體會到文化活動與地方特色的結合，不再是遙不可及的夢想，是能讓池上發光發熱的機會。

有了這次成功經驗，後續每年皆於秋收時節持續舉辦。一開始僅以純音樂會形式演出，後來將演出型態擴大，民國一〇一年邀請優人神鼓表演，吸引上千人到場欣賞，秋收音樂會後來更名為「池上秋收稻穗藝術節」，成為池上一年一度最重要的藝文表演活動。

民國一〇四年九月十五日，美國《紐約時報》全國藝文版版頭刊登了一張令人矚目的照片。照片裡白雲靄靄宛如絲緞輕輕掛在青綠山脈之間，整片金黃色的稻田阡陌縱橫錯落有致，一群舞者以天地為背景，在稻田中央舞台上展現肢體的力與美。那是雲門舞集在台東池上演出的舞碼〈稻禾〉，宛如天堂的絕美畫面，讓藝術之都的紐約客都讚嘆不已。

美景背後

美景的背後，不是一件隨便的事。

雲門舞集林懷民老師的作品時常以台灣土地關懷爲主題，當他來池上看到這裡有青蔥鬱綠山脈爲背景，無任何一根電線桿的廣陌稻田景緻，就想以此地爲背景與靈感，編創新的舞碼，做爲民國一〇二年雲門舞集四十年慶的紀念。他們親身來到這裡取材，記錄一株秧苗到成熟結穗的過程，了解稻米整個的生命循環，同時在編舞的過程裡，也把雲門舞集的舞者們都帶來池上體驗，親自參與割稻，感受土地滋養，最後創作出〈稻禾〉這齣作品。

而我們身爲在地人，要浪漫也要務實，必須有很細膩且周詳的計畫。當林老師提出構想，元月份敲定演出時間後，我們開始著手進行各項縝密的規畫與協調。

爲了提供最好的舞台，從當年演出日期十一月一日往回推算各項工作時程，要非常精準。在非收割期間把稻子割掉、毀掉去做表演，這不是用金錢賠償就能解決的，因爲「種稻」對農家人而言是很神聖的事，絕不能「損五穀」，違背長期以來的職業倫理。舞台架設約需耗費七至十日，據此規畫二期稻作的插秧與割稻日期，品種選擇也得考慮。舞台區的稻田要比周圍提早收割，就得種植成熟時間較短的高雄一四五早熟品種，而且必須是第一批插秧的秧苗，插秧時間甚至要提早至七月十二至十五日左右。於是，我去找農民跟秧苗廠協調提早育苗，插秧後一百日熟成收割，才趕得及十月下旬搭設舞台。另外由我們米廠提供農民烘乾費優惠、提高收購價格，促使農民全力配合。

完美演出靠多年計算與協調

之所以能精準掌握日期，是因爲我們的栽培紀錄在當時已經累積將近二十年，有完整的資訊可以提供參考執行。此外，整片稻田將近二百公頃，分屬不同農民與米廠，必須協調請農民在演出結束後才能割稻，米廠在演出前不能收穀，如此才能保留完整稻田景觀。所以我再去找農會與另一家米廠、村長與農民，共同來協調。在舞台區那塊稻田要收割當天早上，我們與一群來協助割稻的農民及相關工作人員一起到旁邊的土地公廟，每人手持一炷清香，祭拜土地祈求平安順利，接著農民們才開始分區割稻。

由於舞台搭設面積經過精密計算，不能用機器處理，只能仰賴農民以傳統人工方式，手持鐮刀彎腰割稻；完成後，全部的人一起在大樹下享用傳統的「割稻仔飯」。「秋收」不只爲了表演，也成了我們藉此敬謝天地的儀式。

有鑒於前一年優人神鼓那場節目，突然吸引大量遊客湧入，產生不少問題，林懷民老師那年也在現場，爲了隔年演出順利，爲我們提出各項建議與改善方案。從免費活動改採門票收費，演出場地由林老師擇定，移到萬安村另一片更寬廣的場地。同時因應演出場次增加，需要更多志工協助場地布置、動線引導與秩序維護，我們幾乎是全村總動員，大小居民都來幫忙，演出前天天都在開會。由於他們是國際知名的藝術團體，對活動規畫非常專業，從舞台架設、進場動線、志工安排等各項細節，都有完整的人員培訓與規畫。

在他們的協助下，我們從零開始，將志工培訓、維護秩序、交通動線如停車場與接駁車等交通大小事都納入考慮，我們自己後來能順利主辦各項活動，就是那時奠定的基礎。那段學習過程對我們池上的影響很大。

這些背後的細項瑣事不是一件容易的事，也不是所有人都能看得到的深層思維，這與我們產地標章行之多年後，重視種稻品質、注意細節的習慣不謀而合。我們不一定能做到絕對完美，不出任何差錯，但起碼能減少失誤，降低犯錯機率。

地方準備好了　才能永續執行

在累積幾年經驗後，台灣好基金會要將秋收稻穗藝術節主辦角色移交給我們在地承接。民國一〇五年我們成立台東縣池上鄉文化藝術協會，由我擔任理事長，協會的成員負責執行，隔年開始接手藝術節主辦工作。

從追隨者變成主辦方，挑戰接踵而至。一場活動所需費用與資源非常多，秋收藝術節的花費高達八百萬，光是經費就是最難的課題。但既然這是我們在地的活動，也是必須承接的責任，再困難也要想辦法解決。成立協會的目的，是爲了獨立運作，專款專用，除了透過台灣好基金會協助尋找企業贊助外，我們必須自行籌組資金，向在地機關與社區募資。由於協會不是營利單位，短時間要取得大家共識一同承擔風險實不容易，所幸後來在蔣勳老師的慷慨解囊，以及當年池上冠軍米獲利所得三十五%的挹注，讓我們的資金能夠順利募集完成。

老天爺也很幫忙，當時大量陸客來台旅遊，尤以花東地區遊客最多。很多陸客難得來一趟，在行李空間限制下，人人都想帶冠軍米回家，所以池上的冠軍米能夠銷售得很快，加速我們當時的募資。

開始承接的前兩年最辛苦，當時志工顯得惶恐，甚至內心有點抗拒，因爲過去只要全力配合就好，現在卻要承擔主辦責任。

「聽到秋收要由我們池上自己接手，這不是超乎想像，而是根本從未想像，我們眞的做得到嗎？」現任秋收藝術節志工總召的陳秋菊①每次聊起當年，都會這麼說。

台灣好基金會開始將辦活動的流程與細節教導傳承給文化藝術協會成員，大家花了不少時間與心力互相磨合與學習，才漸漸步上軌道。難能可貴的是，志工們都很勇於承擔責任，從第一年的惶恐抗拒，第二年偶有埋怨，到第三年時間一到，大家就自動召集分組開會進行規畫。這樣的轉變也證明我們池上人的韌性，在後續活動表現上也開始展現池上人認眞的特質，一旦視爲自己的責任，就會盡力做到最好。

舉例來說，活動舞台大約花費三日拆除完畢，由舞台工程人員負責清理；接著，台灣好基金會的志工也會到現場巡視檢查一遍，但最後文化藝術協會的志工一定會再去做最後一次收尾。我們不允許有任何不屬於田裡的物品掉在農民的土地，這是我們對待土地應有的方式，否則以後農民不會信任我們。

活動現場的流動廁所也不是放置了就好，而是由池上國中學生志工負責，一人看顧一間。只要有人使用後，學生就立刻進去清洗整理，所以我們的流動廁所很乾淨，甚至貼心設有殘障廁所。這些注意細節的態度，也成了我們池上秋收稻穗藝術節爲人稱道的原因。

一般常見公部門或地方辦活動時往往沒有成本概念，或只仰賴其他補助，經費無虞者甚至委外執行，活動核銷完便結案。但我們不是這樣，秋收是一場商業性質的藝文活動，我們要自負盈虧，門票收益與經費得來不易，每一筆錢都要花在刀口上，仔細審核每一項支出，能樽節成本的項目，我們就盡量節省。

資金的控管與調度也很重要，例如與表演團體或藝人簽訂合約，或爲

①池上國中退休校護，爲池上鄉文化藝術協會成員，秋收稻穗藝術節資深志工與總召。

安排住宿向飯店訂房等許多費用或訂金，都是前置作業就須先行支付，我們米廠的資金調度與財務管理經驗豐富，所以我必須做好把關角色。

另外在志工組織上，我們分成票務、行政、公關等共八組，各組組長與組員加總大約七十位，透過各組自主會議密集溝通，再提出需要的協助。

雖然我不是跟他們一起站在第一線，但只要有任何問題無法解決，我的工作就是去溝通協調，提供協助。「我們努力往前衝，你就是我們倚靠的肩膀。」志工總召陳秋菊常這麼要求我，這些本來就是無償工作，志工們甘願付出自己的心力與時間，我當然要挺。

秋收活動現場每天將近三百位志工與工作人員，要如何精確掌控每個人的工作內容與狀況，就得仰賴詳實完整的工作手冊。任何一個志工站在哪個路口、督導是誰、媒體報導、廠商資料等都有紀錄，寫得清清楚楚。我們每年活動後累積的完整紀錄，都會妥善歸檔，也一定在結束後立即召開檢討會，以利來年改善。

圖 3-2　秋收工作手冊。

池上志工學子潛移默化

很多人羨慕我們池上能有秋收藝術節，但一場活動成功的背後不是只有那些光鮮亮麗，還包含這中間的許多細節與所有人的付出努力。

雲門舞集戶外公演經驗豐富，對志工培訓相當專業，所以我們的志工也要求基礎訓練，不是隨便報名就能擔任。

當初因爲活動需要大量志工，透過當時在池上國中擔任校護的陳秋菊邀請池上國中的教職員協助，並配合教育部要求學生志工服務時數的政策，找池上國中學生一同參與，擔任現場布置與接待志工。

擔任志工需額外犧牲個人休假時間，一開始只有不到十位教職員參與。隨著一年一年舉辦，大家漸漸看到這個活動帶來的影響與改變，尤其在孩子們的身上最爲顯著。

學生因爲這個活動走出教室，透過公共事務的參與，獲得書本以外的經驗學習，同時也得到發揮的空間。僅靠二十幾個學生就能迅速將現場兩千多張椅子擺放妥當，本來不愛讀書的孩子得到大家讚賞；擔任接待引導的學生，在與遊客接觸時學習勇於表達，從遊客的讚美聲中獲得更多信心。曾經有來參加秋收稻穗藝術節的遊客，特別寫信給池上國中校長，表達對學生的感謝。

學生因爲有自信，進而有學習動能，這件事的影響是我們始料未及的，因爲這比過去我們提供給學生獎學金的效益更甚數倍。也因爲有這麼大的力道，讓整個池上學子近年來在教育表現大放異彩，所以我非常感謝雲門舞集的協助。

看到孩子們的轉變，老師與家長也受到影響。如今池上國中全校教職員幾乎全部投入秋收志工行列，而且在各組擔任要職，成爲秋收活動的志工主力，連現任的蘇意媛校長也全家總動員參與。學生們從當年以指派方式參與，到現在一開放報名就主動搶報，老師與學生都感受到那股榮譽感，進而有越來越多家長和社區居民紛紛主動詢問能否報名參與志工。這樣的巨大改變是潛移默化，一年年累積而成的，社區認同成爲提升池上整體能力的一股公民力量。

如今，池上的稻田美景，已成爲台灣意象的代表之一，持續往「藝文之鄉」的目標邁進。

2 池上的美如何延續

民國九十七年，我們將原來的舊米廠改建成「池上多力米故事館」，其後方有兩棟極具設計的建築——「池上穀倉藝術館」與「米倉生活館」，兩座原本閒置的老舊穀倉，搖身一變成爲池上的藝文生活據點。若沒有看過老照片，你很難想像它原本只是廢棄的稻穀倉庫，那是我祖父在民國四十七年興建的公糧倉庫，有我許多兒少回憶。

台灣好基金會從民國九十八年進駐池上後，除了每年舉辦秋收藝術節，也與我們密切討論如何提升池上的藝術美學。

他們在民國一〇四年啓動池上藝術村十年計畫，在此之前已邀請美學大師蔣勳老師擔任總顧問暨首位駐村藝術家。蔣勳老師在駐村結束後仍時常回來短居生活及創作，陸續出版的好幾本暢銷書裡都能感受他對池上的愛。蔣老師的影響力很大，透過他的文字與畫作，讓好多人用另一種不同的角度認識池上，進而吸引他們來到池上，感受池上的美。

老穀倉變身藝術生活基地

蔣勳老師與台灣好基金會建議在池上設立一座地方美術館，定期策畫美術展覽，同時也讓駐村藝術家的作品得以保存與展示。於是，我把這座祖父留下來的閒置穀倉捐出來，由台灣好基金會規畫邀請元智大學陳冠華老師設計，我們池上多力米公司自費出資改建。民國一〇六年十二月九日正式開幕後，以每月一元的象徵性租金，交給台灣好基金會經營管理至今。

民國一〇八年穀倉藝術館獲得「遠東建築獎——舊屋改造特別獎」首獎及業主獎，評審團評以「池上穀倉藝術館是一棟在地又充滿前瞻與理想性的建築」。這座穀倉改建而成的美術館，成爲建築與藝文界矚目的焦點。

一開始，來穀倉藝術館看展的多是外地人士慕名而來，即使池上居民可以免費參觀，但來參觀的本地居民還是有限。

漸漸地，慢慢開始有池上居民願意來了。民宿主人來看展，說這樣跟客人才有話題；池上、甚至東部的學生來看展，這裡可能是他人生裡第一個參觀的美術館。

而來到池上駐村的藝術家們也因爲在池上生活的一個月裡，透過與池上當地的互動與感受，有了嶄新優異的作品。來自花蓮的版畫藝術家李屛宜到池上駐村後，後續的〈呼吸：風景〉作品系列就獲得民國一〇九年高雄獎首獎。穀倉藝術館的成立，影響了池上當地人，也影響了來訪的旅人。

在穀倉藝術館開幕後，**林懷民老師又給了我一個更開闊的遠見**。

林老師一直強調文化藝術必須扎根，深入在地生活，讓居民從老到少都能享受藝術文化的美好，而不是高不可攀的殿堂。池上雖然是個農村，不可能有大型展館，但文化的推動不在多，而在深。他認爲池上應該要有個固定空間，可以長期來做這樣的事，而不是一年一場表演、一個展覽、一個活動而已。

在林老師的想像裡，這個空間可以讓大人來聽演講、上瑜伽課，小朋友可以在這邊上舞蹈課或藝術成果發表，可以開會，可以演出，也可以是個全家大小並肩坐著欣賞影片的電影院。

回想過去辦課程或活動時，我們常爲了租借場地傷透腦筋，不是借用杜園的會議廳，就是福原國小教室。那些場地空間有限，各種活動因性質不同也不一定適用，而且除了大坡池的戶外平台，池上沒有任何一個室內展演空間。如果可以有一個固定場域，讓在地學生或社區住民有一個比較好的舒適空間，容易使用與接近，那是多美好的事。

但要做，就要做好，而不是求有就好。在有限資源與多方考量下，「小而美」是我們對這個空間的期許，它必須具多功能、多用途使用，符合池上人的需求，而且要有專職人員來做活動規畫與管理。

在林老師的建議催生下，二話不說，把穀倉藝術館旁的第二座公糧倉庫也捐出來吧。

對我們來說，那個穀倉是個閒置空間，放了十年不會變，永遠還是個倉庫，如果不活用它，反而是一筆最高的成本。現在能夠提供出來做更好的利用，對我們、對社區，都是最有利的。

池上人的「需要」與「想要」

既然是我們建興米廠的穀倉，要把它改頭換面，當然要由我們自己來做，而不是把空間捐出來就好。改建的費用與監造過程，全部由我自費提供，也由我親身參與，我一人說了算，這樣遇到問題才能迅速解決，工程進度才能有所掌控如期完工，盡早開始營運。倘若仰賴贊助或補助，不但可能因各項文件往來而進度受阻，也可能無法以池上在地角度去設計規畫，最終成為一個浪費金錢與人力的「蚊子館」，那就失去我們捐出自家穀倉的意義。

由於一開始就明確定位這將是屬於池上人的生活空間，所有硬體設計與軟體規畫都要圍繞在「生活」，因此它的名稱不是「文化藝術中心」，也不是「演講廳」或「教室」，而是「生活館」。同時在名稱冠上「米倉」二字，凸顯池上「米」產業與過去建築空間的連結。

至於管理單位的部分，民國一〇五年成立的台東縣池上鄉文化藝術協會，每年專責主辦池上秋收稻穗藝術節。但活動一年只有一次，爲了推廣池上鄉文化藝術教育活動，與協助在地文化永續發展，米倉生活館由文化藝術協會來營運規畫，提供相關服務，再適合不過。

定位與方向有了，那硬體設計呢？

池上一直遇到很多貴人，十多年來吸引許多來自台灣各地的藝術家與專業人士，除了一直給予我們最多指導與協助的林懷民與蔣勳老師，從台中移居池上的莊豐賓建築設計師也是其中一位。他因爲愛上池上，在池上蓋了自己的房子，實際在池上生活。莊設計師很重視「人」的味道，因爲他也是「池上人」了。在我們的「需要」與「想要」之間，他設計出適合池上地景與池上風格的多功能運用空間，從外面到裡面，處處細節都有巧思，米倉生活館的空間改造能邀請他來操刀，是我們感到非常幸運的事。

在初期設計規畫階段，林懷民老師給我們很多意見，邀請很多專業人士來協助我們。他認爲這個生活館不能因爲位處農村，只是「鄉」的等級，就降低空間品質，既然要成爲日常且長期使用的空間，就要以「國家」級的高規格打造。我們很認同林老師的想法，所以館內的吸音牆、燈光及播放設備等都經過仔細評估與裝設。

「這裡好像台北的小劇場」「你們的音響好棒」「沒想到在池上也有這樣的空間」許多人第一次進到生活館，都會發出不可思議的讚嘆。生活館內的燈光與音響，都是由雲門舞集技術顧問林克華老師所規畫。林克華老師曾參與國內許多劇院與音樂廳的規畫設計，所以生活館是國家級的設計，國家級的設備。雖然我們池上位處東部，生活館也不大，但我們的設備不輸都會區的藝文中心，甚至更好，身爲池上鄉民是很驕傲的。

像變形蟲一樣的空間

民國一一〇年三月開始動工，兩個月後，中央流行疫情指揮中心在五月十五日宣布，台灣本土新冠肺炎疫情嚴峻，全國進入第三級防疫警戒。在那樣的氣氛與限制下，生活館的建造卻不到一年完工，十月七日改建完成，十二月開始試營運，隔年一月就正式開幕了。

「我希望這個空間可以像變形蟲一樣，充滿各種可能性。」林懷民老師的期許，也是我們規畫活動時的原則。營運第一年，在米倉生活館七十坪的空間裡，有蔣勳老師的大型書畫展，舉辦過數場講座或新書發表會。它也是成人與兒童律動的上課教室，又或者是團體舉辦研討會或工作坊的場地，甚至是民歌演唱、音樂演奏或歌唱大賽的舞台。

寒暑假裡，我們邀請雲門舞集生活律動課程的老師，在米倉生活館舉辦兒童與成人律動課程。一般坊間開這種課程，通常把課程簡章放在網上公告，或張貼海報資訊而已，我們不會只有這樣。在開放報名之前，先舉辦體驗與說明會，讓有興趣的人先來實地了解「什麼是律動」，明白這門課程不是單純的舞蹈課，才不致發生認知差異。同時透過這樣的說明會，讓更多在地鄉民願意走進來生活館，願意進來看看這裡的樣貌。只要進來過，就會放在心裡，即使現在不一定有機會使用它，但往後的某一天，就有機會與這個空間產生連結。

「今天是ㄒㄧㄥㄑㄧˊ四，是這個ㄌㄧˇㄅㄞˋㄌㄩˋㄉㄨㄥˋ課最後一天，七月二十ㄐㄧˇ日才會再ㄐㄧㄢˋ面，也就是說，ㄨㄟˊ笑ㄌㄠˇㄕ要回去台北了，眞的嗎？」

協會夥伴在群組裡分享了暑假第一週課程的照片與影像紀錄，其中一位參加律動課的小朋友所繪寫的課後心得，讓人看了忍不住會心一笑。國字與注音符號夾雜的童言童語，穿插可愛的繪圖，流露出他在第一週課程結束後的不捨與對後續課程的期待。

小朋友的學習速度很快，第二週，他們的肢體律動更流暢了。在他們口中的「微笑老師」余文琇引導下，小孩們想像自己是一顆米，從種子、長成秧苗、結成稻穗，中間還穿插在田裡插秧、收割等動作，這些都是池上孩子們熟悉的場景。

透過想像與身體的律動，在音樂的節拍下，我發現來上課的小孩們都很勇於表達，充滿自信。當他們回到家裡，與家人分享來館上課的點滴，即使沒有實地到訪過的家中其他成員，也會對生活館留下印象，假以時日就有機會一起來參與生活館的活動。

不只小孩玩得開心，大人也有收穫。在一段晚間成人律動課的側拍影片裡，二十幾位有男有女年齡各異的學員們，在生活館專業的教室裡，隨著老師的指令與音樂的配合，或蹲或站，或跳或走，時而伸展，時而扭動，有些人略顯羞赧，有些人放鬆自在。在肢體動與靜的切換間，每個人臉上的表情都顯得輕鬆愉悅。

其中有些原本就是我熟悉的朋友（包括我太太），我對他們在影片裡自在律動的模樣感到驚訝，因爲每個人平常要忙工作、忙家庭，對外展現都是社交的一面，很少有機會像那樣與自己身體親密對話。雖然聽我太太跟其他成人學員都苦笑說：「上完課，骨頭和肌肉好痠痛！」但他們一定很享受那個過程，才會在後續幾週持續出席。也許一堂課不會有立竿見影的效果，也不是上完課就會變成厲害的舞蹈家，但透過身體教育啓發對自己身體的覺察，進而改變身心狀態，才是設立這個空間的意義。

米倉生活館是一個「與池上鄉民生活緊密連結的空間」，藉由這個空間，透過社區活動、課程學習和藝文交流，讓池上人的精神生活能更豐富多元。誠如我們文化藝術協會的藝術總監王新蓮所說：「這裡不單是個教室或表演場地，我們協會也不只是辦活動或開課程，我們提供的是『服務』。池上鄉民需要什麼，生活館就提供什麼。」它不是一個服務特定對象的空間，我們更希望從池上的下一代開始影響，所以我們向池上的小學與國中師長說明，邀請大家一起主動來使用。只要是「對池上有益」的，我們都免費提供場地運用。

但服務「有價」，要享受別人提供的服務，就該付費，這是我們跟一般地方場館不同的地方。

米倉生活館是建興米廠提供的空間，不屬於任何公家單位，文化藝術協會以專人專職負責營運，在自負盈虧的運作下，本來就不應該免費，況且「免費」不會讓人珍惜。在很多免費活動的場合，很多人都是先報再說，臨時又不來，反而占去眞正需要的名額，這種情況屢見不鮮。所以生活館舉辦的活動或課程，都會設定基本門票或費用，但金額不高，只爲了貫徹「使用者付費」的想法。如果還停留在過去那種「對外免費開放或參加，再回頭找贊助或補助」這種傳統守舊思維，成爲蚊子館是遲早的事。

我們曾經辦過KTV歌唱大賽，一般這種活動模式通常就是找贊助做爲比賽獎金以吸引報名。但我們的遊戲規則不同，我們的參賽者是要自掏腰包繳報名費的，因爲我們重金禮聘知名音樂老師擔任評審，提供最好的場地與音響設備，還幫參賽者調音、錄影、製作影像紀錄，當然也有提供獎金。參賽者只要繳交三百元就能得到如此高規格禮遇，這麼物超所值，最後有五十多人報名參賽，每個人用心準備，留下一個美好的回憶。

「免費的最貴」，一旦成了棄置不用的蚊子館，建置的硬體與軟體

成本就全部付諸流水，那樣花費的成本太高了，我們絕不允許這種事情發生。

生活館的正前方有兩棵茄苳樹，樹形優美，枝葉繁盛，很多人以為這兩棵樹原本就在那裡，其實不然，他們都是在生活館動工後才從別的地方移植過來的。一年時間過去，樹幹變得更粗壯了，根部往土壤裡扎得更深了，向天空伸出的枝葉也越來越茂密了。

我期待這座米倉生活館成為池上人經常使用的空間，也期待它成為台東的亮點之一，就像這兩棵茄苳樹一樣，蓬勃發展，日益茁壯。

3 橋接型社會資本

來自香港的何靜瑩老師長期研究社區發展的「社會資本理論」，前幾年她來池上演講，談到池上，是她印證學術理論的最佳實例。她認爲池上的發展與處處展現的民間領導力，就是社會資本的具體展現。

根據社會資本理論的定義，健全的公民參與，建基於社會網路、互惠互利的規範、社會互信等的社會建設，就是「社會資本」，它不是指濟弱扶貧的資金，也不是只與社會企業有關。社會資本根據社會連結的親疏遠近分成「緊密型社會資本（bonding social capital）」與「橋接型社會資本（bridging social capital）」。前者爲網路關係較緊密之同質者間的連結，彼此有強烈的認同感與共同目標；後者則是對外部資源連結與資訊暢通，能促進異質團體間的聯繫與互動。

「社會資本理論」談到，一個地區的發展優劣，與在地社團健全與否及活動力強弱有關，不能僅靠公部門的力量。其中，**緊密型的在地社團固然重要，但也要有橋接型社團做為與外界的連接媒介**。

池上人口只有八千多人，但池上的社團很多，且歷史悠久。從民國五十七年成立救國團池上鄉團委會開始，池上在地社團蓬勃發展，其中有不少是全台東縣歷史最久且持續運作的，如池上鄉解說員協會就已成立超過二十年，因此池上的緊密型社團力量一直很強。

多個社團接棒成為橋接型社會資本

池上過去推動池上米認證的整合過程裡，池潭源流協進會扮演極重要角色。透過協會將MOA驗證的國際標準引進池上，由原本的緊密型社團轉變成橋接型社團。在完成池上米產地認證後，台灣好基金會適時出現，池潭源流協進會繼續扮演橋接角色，順利接引台灣好基金會進駐池上，奠定池上推動藝文活動的基礎。七年後，池上鄉文化藝術協會成立，承接秋收稻穗藝術節的主辦工作，又成爲另一個橋接型的社團，繼續發揮與外界連結的力量。

正因爲**我們的橋接歷史已超過二十年，有足夠的經驗**，所以在地其他社團很容易跟外面的人搭上線，外部資源要進入池上也不難。

台灣有很多地方的緊密型社團很強，發揮的影響力只限於內部。但池上不同，我們知道自己的需求，而且因爲擁有強大的橋接型社會資本，一旦機會出現，我們積極把握，而對應的外界也能感受我們的誠意，所以發展出來的結果就不一樣。

以池上米的規範爲例，規範的制定要符合國際驗證的水平與標準，而不是我們自己隨便訂的，如果沒有以符合國際標準來制定，就會很難持續。當初因爲接觸MOA，對人、地、農產品都要驗證，人員要上課，土壤要檢驗，最後才檢驗農產品，我們後來按照這套嚴謹的國際標準來規範池上米，農民因爲池潭源流協進會當初辦的教育訓練而提早學習，在後續任何新制度的推行上，就能很快跟上。所以農委會後來推產銷履歷，許多地方推展成效緩慢，但池上農民早已習慣填寫栽培紀錄，所以推行上毫不費力。

橋接型社會資本夠強，地方發展就會不同。但池上人口少，爲什麼在地社團如此強大？這與池上的發展背景及人的特質有關。

對內互助合作

在歷史發展上，池上人口雖少，但族群多元，包括本地的阿美族原住民、鄰近海端的布農族原住民、從西部遷移至此的閩南與客家人、國民政府來台後的榮民，以及近年的新住民，我們是多族共融。因爲有眾多族群居住此地，生活不易，因此更需要互助，才能生存。

我們池上有個很特別的地方習慣，印象中從民國七十年代開始，各村每個月都會排定一天清潔日，由村長帶領村民進行全村大掃除，維持環境住家整潔。每年秋收藝術節活動結束後隔天，會場鄰近的萬安村與錦園村，就會立刻動員全村一起出來清潔打掃。

即便池上鄉是全台東縣遊客造訪人次最多的鄉鎮，但在全台東縣環境清潔競賽裡，我們已經連續十二年蟬聯鄉鎮市組冠軍。很多人覺得不可思議，我們卻覺得維持地方清潔，早是習以爲常的事。

「自掃門前雪」在池上很罕見，我們很習慣參與公共事務，很樂於擔任志工。平常工作再忙，也會參加在地社團，甚至有不少人同時活躍於不同社團，彼此之間的關係非常緊密。這造就池上一個特別的氛圍，我們通常談的是「池上的未來」，而不是「個人的未來」。

對外熱情擁抱

從池上米產業到地方創生的發展，我們推動了一連串的改變，但地方上的人爲什麼也都能快速跟著我們一起改變？

在地理上，池上是一個封閉的沖積平原，北有秀姑巒溪，南有新武呂溪，因此開發歷史相較關山、富里、玉里這幾個鄰近鄉鎮晚，稻田栽種面積也無法相比，玉里的種植面積是池上的一倍以上。地方小，人口少，早期池上的生意人不能只靠零售性質的「文市」，必須都要會做批發市場的「武市」，積極向外拓展才能存活。因此池上人很容易接觸外界的新事物，雖然小國寡民，對外界反而包容，不會保守抗拒。

因爲這樣的特質，池上人對外客十分友善，對外界的包容性很強，很容易接受新事物，非常歡迎外來資源。所以我們辦活動，通常不會只是內部聯誼性質，常常邀請台灣其他各地，甚至是來自國外的講師。數十年的發展下來，大家都很習慣對外熱情擁抱。

比賽全力以赴

在地理環境與歷史發展下，造就池上人強大的戰鬥力，因爲要有戰鬥力才能生存，所以我們很能接受挑戰，對「比賽」無所畏懼。而且一旦決定參賽，就一定做足準備，全力以赴。那種「入圍就好」的心態，在池上不會發生，沒有準備就去，根本浪費時間。

在稻米競賽前，只要農民提出其所屬的哪塊田地生產的米要參加比賽，我們的收穀作業就會特別不同。在評比項目中有一項PH值測定，即指稻米的新鮮度，稻米一收割後，就開始氧化發酵，新鮮度逐漸下降。在處理參賽米時，不能一次全部割完才送加工，為了維持整批完整鮮度，要分成兩台割稻機處理，一台割完隨即送廠，跟鮮度賽跑；等到第二台割稻機完工，前一台收割的稻穀已經完成送氧，阻止發酵。這些細節的處理，都是為了降低失誤的風險。

民國九十三年第一屆全國稻米品質競賽時，即使我們對池上米充滿信心，卻不會輕忽任何細節，不容許任何失誤，透過人工篩選出完美的每一顆米，才造就遙遙領先群雄的冠軍米。到了第二屆比賽，我們還是用同樣規格在準備，最後結果仍拿到冠軍，但與第二名的霧峰農會僅有○．一分的些微差距，這意謂別人的技術也開始追上，如果我們沒有做比別人更多的準備，很快就被趕上，甚至落後。

這種對比賽毫無畏懼、全力以赴的心態，不只在稻米競賽、環境清潔競賽，池上學子到外地參加比賽也都表現突出，池上國中管樂隊在成軍後兩三年就在縣內競賽獲得佳績。

預防醫療安居池上

在日本ＭＯＡ裡有三個志業，包括自然農耕、藝術生活、淨化療法。從民國八十三年開始種有機米至今，我們實行自然農耕走了二十多年；民國九十八年台灣好基金會進駐台東開始，池上的藝術生活也耕耘了十多年。目前剩下最後一塊拼圖了。

ＭＯＡ的「淨化療法」就像我們中西醫合併的預防整合醫療。隨著人口老化問題加劇，池上地小人少，醫療資源不足，但很快就會面臨老人照顧問題。池上的環境舒適，與其花費資源在病後治療，不如著重在預防醫療。

未來，我們將持續積極以橋接型的角色尋找適合團隊，提供足夠誘因，讓外界醫療團隊願意進駐池上，達到「安居樂業在池上」的願景。

Part 4

社會主義糧商

1 不像糧商

你對「糧商」的印象是什麼？

自古至今，農產品中介者往往被貼上「無良奸商」「剝削農民」的標籤，盤商總是一面壓低農民收購價格，一面哄抬消費者末端售價，再從中獲取龐大利潤。糧商與農民的關係，在一般人印象中也是這樣，「辛苦農民」與「不肖糧商」永遠站在對立的兩岸。

但農民與糧商之間，只能劍拔弩張，互相對立嗎？

國民政府來台後動員戡亂時期，爲監控糧食流向而有糧商執照的控管機制，爲平抑物價與戰備安全存糧管理而發展出公糧收購制度。雖然後來《糧食管理法》修正後，稻米銷售改採登記制度，已不再需要糧商執照才能上架，但許多通路與消費者仍以是否有糧商執照做爲信賴稻米品質的依據。

政府長期以來透過糧商收購農民公糧，許多繳交公糧的農民對糧商的依賴很深，而政府在收購作業後也無法消化收購的米量，仍需委託民間倉儲保管，有能力與設備承接政府公糧倉儲者，大多只有當地農會與大型糧商。如果稻米品質差，產品競爭力低，或是自己無法掌握銷售通路的農民，勢必只有「繳公糧」一途。農民對糧商的依賴越深，越沒有議價能力，如果碰上只管市場利益，不考慮農民生計的糧商，米賤傷農的悲劇就會上演。

再從稻米生產過程來看，稻米屬大宗穀物，不同於一般農作，整個收購系統相當繁複。稻米一旦收割就要盡速烘乾，妥善保存，防止發芽與減緩氧化；爲保持新鮮度，也要盡速銷售去庫存。因此，烘乾設備、碾米機器、倉儲系統就成爲稻米加工最基本的配置，過去仰賴人力搬運的工作，也逐漸由堆高機、自動化輸送系統取代。

這些機器設備動輒千萬起跳，存放穀糧也需足夠空間，一般農民無法靠自己完成整個系統，只有資金完備的大型糧商才有能力建置。而且單一農民的收成有限，沒必要耗費成本處理加工，若要自產自銷，亦需仰賴米廠協助烘乾，否則只能自行以成本較高的人力方式日晒稻穀，產能與效率非常有限。

因此，米廠在稻米產業鏈裡有其價值與重要性：農民專心種稻，加強栽培技術，提升稻米品質；米廠精進設備，提高加工效率，妥善管理儲存，積極對外銷售。兩者分工各司其職，創造出來的產值最高，這是最理想的產業分工模式。

然而，每至收成期間，糧商與稻農之間的剝削爭奪戰卻時常上演。收成不好時，靠天吃飯的農民，血汗耕耘化爲烏有；即使大豐收，供需不均，穀價下跌，一樣得不到好處。直至今日，農民與糧商間的緊張關係，似乎還是很難消弭。

民國一〇〇年，政府調升公糧收購價格，每公斤調高三元，原目的爲增加農民收益，卻有報導指出部分糧商藉此哄抬米價，向農民的收購價卻只調升一元，雙重剝削農民及消費者①。民國一〇三年，白米零售價格漲到史上最高，最貴一台斤曾達二十八元，稻農的濕穀收購價卻仍只有每台斤九．五到十元間波動，多名稻農向立委陳情「農民淪爲糧商的代工機器」②。

其實糧商不是穩賺不賠，倉容、庫存、資金等各內部管理都要謹慎小心，一有失準就可能引發財務危機。同時，糧商面臨的外在環境挑戰也越趨嚴峻，面臨食米消費降低，與進口低價米的競爭，糧商也在努力求生存。

時代一直改變，不只受自由貿易影響，氣候變遷、疫情災難等挑戰與威脅越來越多，農民與糧商都在經歷一場破壞性的創造。如果農民還停留在不顧品質，仰賴繳公糧的習慣，糧商只想靠壓榨農民，想要穩賺不賠的

①《中央社》，民國一〇〇年五月三日。
②《中國時報》，民國一〇三年六月二十日。

思維，很快就會被淘汰。農民與糧商應該扭轉關係，成爲並肩作戰的合作夥伴，一起改變，一起面對挑戰。

世代信守承諾

火車沿花東鐵道南下即將駛入池上車站前，會看到遠方有座標示「池上鄉福德宮」的大型廟宇，雖然座落於田中央，但廟前道路寬達八米，那是台東最大的土地公廟，也是我很常去的地方。我祖父早期自種的農田就在池上福德宮後面，所以我們與這裡的情感連結很深。

農家人敬拜天地，祈求風調雨順，五穀豐收，祈願成眞就要還願。每年重要節慶時，我們全家大小都會來這裡謝神祈福。在這座廟宇尚未翻修前，廟前道路狹窄，僅有兩米寬度，機車並行不易，轎車更是難以通行，但出入路段的地主因家中後代不願賣地，拓寬事宜遲遲無法解決。

我祖父認爲這件事情很重要，攸關大家出入安全，生前已承諾並交代我們後輩，以後一定要想辦法出資並協力解決此事。幾年前，地主突然肯賣了，約需一千多萬的資金，我們家義不容辭捐出部分資金，其他由池上鄉親共同募資。以前往往需要類似建醮這類大型活動才有機會快速募集大筆資金，但福德宮前道路拓寬一事，一年內就還清了。

祖父當年的承諾，即使生前無法完成，我們後輩也要記在心中，想辦法實現，因爲「一諾千金」是我們的家訓，得到別人信任才能在地方立足。

民國九十二年辦教育研習課程時，我們對完成結業與認證的契作農民開出提高收購價格的條件，結果竟同時遇到二期稻作倉容不足的危機，不得不以低價售出一期庫存。即使賠錢，對於加價收購一事，我同樣信守承諾，說到做到。我們不會讓農民冒險，米賣不出去的銷售壓力，由我們糧商概括承受，與農民毫無關係。

因爲這樣一點一滴信任的累積，所以很多農友相信我們，願意配合我們要推行的措施。

農民與糧商間的夥伴關係

民國九十四年第一屆全國有機米評鑑冠軍、有「赤腳米王」之稱的萬安社區有機米產銷班蕭煥通班長，一直是我們建興米廠的契作農戶，打從我父親經營米廠時，彼此已經熟識多年，有時在米廠工作結束返家途中，我會順道到他家坐坐聊聊。蕭班長夫妻是非常忠厚樸實，刻苦耐勞的莊稼人，他們敬天知命，一輩子就是專注做好「種稻」這一件事，宛如呵護子女般地細心照顧自己的稻田，這樣的職人精神讓人欽佩。而且他的種植技術一流，我時常向他請教稻作栽培的種種問題，或彼此交換種植相關技術與知識。

正因爲有一定的默契與信任，民國九十年我決定在萬安村開始做第一批有機米種植示範，就先去拜託他。即使有機種植有別於慣行農法，照顧過程相對辛苦，但蕭班長仍願意與我一起嘗試，做出第一個示範，這就是奠基於彼此的信任。

蕭班長有次在田裡被毒蛇咬到，還沒等到救護車來，我一聽到消息心急如焚，馬上開車去接他就醫。還有一次，他開搬運車時不小心發生意外，跌到腸穿孔，情況危急，我也趕緊打電話聯絡相關人士，動用身邊所有資源，透過關係找到台東市區的醫生立即爲他進行手術。有一年颱風來襲，那時正值稻穀收割，我不是先顧米廠，而是先去班長家，協助他們兩個老夫妻把稻穀盡速搬進室內倉庫，避免稻穀淋濕造成損失。同樣地，我們家有次發生祝融之災，蕭班長聽到消息，也是帶著兒子們，全家大小都來幫忙。

前陣子，有位跟我們契作的農民突然心肌梗塞離世，留下遺孀與家中幾個孩子，十九歲的大兒子要爲母親分憂解勞，剛考上大學就決定休學返家，照顧弟妹，扛起家計。我跟他們因爲契作關係，清楚他們家裡的狀況，便語重心長地跟他們的大兒子說，顧好家裡的田是基本要件，但農事不是時時刻刻的工作，也要有其他穩定財源，我力勸他來我們米廠工作，至少有一份每月固定的穩定收入。雖然只是提供一份工作機會，但我最擔心的是，若爲了額外收入去打零工，年輕人涉世未深因此沾染惡習，後果不堪，這種情況我們看得太多，我們米廠工作紀律嚴格，至少可以降低誤入歧途的機會。

我們與農友的關係不是建立在「買賣」或「利益」，而是脣齒相依的「夥伴」，甚至是親如「家人」的情誼。

世代糧商良商

我們米廠與農民間的互動不只在收穀期間，而是時時刻刻都會往來。早期有不少農民常爲種種原因需要現金周轉而向外借貸，有的跟農事有關，如買秧苗、買肥料資材、收割時付工錢等急缺現金；又或者跟家計有關，如小孩要註冊讀書或醫療需求。農會通常是農村唯一的金融機構，利率按照全國金融體系標準，當年利息高達十五至二〇％，所以早期農會信用部借貸所得的高額利息，幾乎是農會最大的利潤來源。

但要向農會借貸，通常需要設定資產做為抵押品，限制不少。農民既已窮困才須借錢，哪來的抵押品？農民的資產裡，唯有「稻穀」最值錢，以稻穀質押借款成了過去農民借貸常態。早期常見農民舉債，入不敷出，除了要支付高額利息，還要賠上稻穀價差，幾乎被剝兩層皮。舉例來說，用當期稻作收成的一千包稻穀去借貸現金，假設這期稻作穀價一包八〇〇元，等下期收成要還一千包稻穀時，若一包穀價漲至九二〇元，中間價差的十二萬即被額外剝削。

然而，農民為了生計沒得選擇，沒有種稻就沒有收入。為了期待半年後的收成帶來收益，眼前就得先舉債。農會借貸諸多限制，有些農民借不到錢，就會轉向平日合作的米廠商量周轉，或是先向農會質押借貸後，再繼續向米廠借，米廠只能排在抵押的第二順位，所以往往倒債的都是我們米廠。

過去這種農民債台高築的現象屢見不鮮，從我祖父母的年代，就時常有農民來跟米廠周轉。我的祖父母、父母都不是唯利是圖的人，他們都很同情弱勢農民，覺得人總有困難之時，我們有能力幫助別人，就不要吝於伸出援手，只要有借有還，彼此就有超乎借貸的特殊情感。**我們是「糧商」，也要做「良商」**，這是他們給我的教導。

我們有一位青壯年契作農戶種出來的米，品質極佳，是稻米競賽裡的常勝軍。二十年前，他在農忙時期就曾到我們米廠承包搬運打包業務，後來因爲工作關係與理財不善，背負一千多萬的債務，家中田地遭到法拍。透過共同朋友得知這個消息，我深知祖產土地被賣掉，對一個人、一個家族影響多大，很可能因此跌了一跤，就再也爬不起來。以前我的母親容許我們犯錯，讓我們學習跌倒後重新站起，重新出發，如果可以，我也願意爲別人伸出援手。

於是，我主動去找他了解眼前遇到的困難，只要在能力範圍內，我很願意協助。我用個人信用讓他去向農會借貸，把遭到法拍的家中土地標下來，使祖產得以保留。同時，也把自己跟我伯父的一部分田地租給他代耕，多了五甲多的田，讓他擴大經營面積，增加產能，才有能力償還貸款。那時候我們爲了產地認證，已經開始辦教育訓練課程，他很認眞來上課，不斷吸收新知，也常常去找老農喝茶聊天，汲取他們的種稻經驗，再自己融會貫通，精進栽培技術。很快地，他就有能力種出品質最佳的米，在分級計價制度下，其稻作收益高出一般農民許多，再加上後續擴大代耕面積，產量擴大後，收入便能持續成長。

從當初發生債務至今，只要收成穩定，他會固定每期償還債務，一年兩期稻作就有至少一百萬的償還能力。償還到一定額度，我主動找他來辦理土地過戶，一筆一筆逐漸償還，讓他有能力去善用其他農民低利貸款，依照自己所需調配資金。十幾年下來，他的債務漸漸減輕，種植面積多達十八公頃。除了契作，也保留小部分自產自銷，創立自己專屬的稻米品牌，家庭生活穩定，三個孩子學業成績優異，兩個女兒已經在台北念大學了。

像這樣有困難的農友在過去確實不少，我們米廠只能盡力幫忙；但近年池上米因爲產地認證與分級計價使得穀價在全國位居最高，農民收入穩定後，為生活急需借貸的情況已經少了很多，這是我們最樂見的事。

在池上作農夫　學習很精采

現在每年都有令人矚目的全國稻米競賽，由農糧署提供獎金，但我們早自民國九十二年起，就已經開始自辦鄉內的稻米競賽，直到民國九十五年後才由鄉公所主辦。有別於其他地區以農會獨家主導的型態，池上鄉是國內唯一以「鄉」為單位，由各輔導米廠推派參賽的稻米專區。

為了鼓勵所有池上農民提升稻米品質，我們提供獎金做為誘因與鼓勵。以現今鄉內比賽辦法，目前獎金由輔導米廠按照參賽比例名額提供贊助，建興米廠與池上鄉農會的契作面積在池上最大，占總產量的比例相當，所以每期獎金幾乎都由我們兩方平分贊助，每年合計約三百四十萬的高額獎金，給予農民最實際的回饋。

為面對市場國際化及自由化之競爭，政府自民國九十四年起推動輔導建置「稻米產銷專業區」，專業區所收穫之稻米不繳交公糧，而採品牌化策略全數流入自由市場，並搭配環境友善之栽培技術，提升產業競爭力。在輔導措施裡規定農民一年要有三十多個小時的專業訓練，所以我們會在農閒時開辦課程。

早期我們米廠自己開課，上課地點在我們經營的大地飯店一樓空間，每次都有八十幾位農民參加，非常踴躍，座位幾乎得排到門口才夠。後來我們米廠與農會共同合辦，每次開課都有二百位以上的池上農民參加，座無虛席。

除了邀請農改場專業人士來講述農業技術相關課程，我們還會特別穿插其他與農業無直接相關的主題內容，如古典音樂導聆欣賞、中醫養生等。會安排這類課程，就是受到之前去日本MOA參訪得到的啓發：農民在精進技術之餘，也要注重身心健康及提升生活品味與素質。我們邀請來的講師都非常專業，慈濟醫院知名的中醫科沈邑穎醫師團隊就是其中之一，來聽那堂課的農友把當時上課教室擠得水洩不通，大家聽得津津有味。透過這些課程，也能讓平常忙碌的農友聚在一起，增加彼此交流的機會。

此外，我們每年會安排契作農戶的戶外觀摩自強活動。前幾年安排到金門，有位農友說他因爲米廠辦的那次活動，讓他擁有搭飛機的人生初體驗。由於名額有限，爲了避免有人報名不來，我們規定要先繳交一千元保證金，確實出席後立即退還，等同是免費活動。不僅如此，來參加戶外觀摩活動的農友，我們依照個人契作面積發給獎勵現金，鼓勵大家出外放鬆身心，同時努力消費。沒有參加自強活動的人，我們則提供可購買種苗、肥料的資材券，同樣給予福利。若契作一甲地，我們就提供一千元的現金或資材券，依照契作面積按比例發放。

除了比賽提供獎金、安排自強活動、發放獎勵金，我們每年歲末尾牙活動還會準備獎品供契作農友抽獎，與農友們同樂。這種「糧商回饋農民」的模式，在池上已是常態，但在其他稻米專區卻很罕見，因爲在池上，農民與糧商不是對立關係，而是重要的合作夥伴。

農民好　我們米廠才會好

民國一〇六年，池上通過《池上米平損補助自治條例》，這是對池上農民的一項重大福利，也是非常創新的作法。實施對象限取得池上米地理標章認證資格的實際耕作，或代耕並由輔導米廠收購之農民。

在豐收或平收期以每公頃每期由農民提撥新台幣一萬元，輔導米廠補助一千五百元、鄉公所補助五百元，共計二千元利息，等同年息高達二〇%，共同存入農民設在池上鄉農會的專戶，一年有兩期可供辦理。遇到農損或重大事故需求時，可提領應急；遇到歉收期，農民不用提撥存款，由輔導米廠與鄉公所依照實際耕作面積補助。

在這個補助制度裡，農民額外取得的利息裡，糧商出資就占了七成五；遇到歉收期，糧商也給予補助。當初推行這個政策的目的，除了保障農民生活，盡量減低因天災農損影響生計，也是強迫農民儲蓄，以備不實之需。很多農民都靠著收成後取得的現金償還貸款或租金，一旦遇到歉收，現金需求會更加窘迫，尤其過去時常見到家長因付不出小孩學費，讓小孩被迫中斷求學或面臨學貸問題。有了這項福利，家長有足夠資金支付學費、生活費，讓池上學子能無憂慮地念書。當農民經濟自主，才有餘裕注重教育、注重生活。

平損補助是池上農民一大福利，而農民的身體健康，我們也要照顧。米廠屬於食品加工業，爲了進行內部管理，落實食品安全控管，提升市場競爭力，建興米廠從民國九十四年開始進行ＩＳＯ認證，包括ISO9001（品質管理系統）、ＨＡＣＣＰ（食品安全管制系統），到如今現行的ISO22000。在認證的過程裡，除了廠區勘查與動線流程等檢視，相關利害關係人也是管理的內容之一，因此稽核對象不限於我們廠商，還包括我們的契作農友。

根據ＩＳＯ認證文件規定，農友屬產品源頭的從業人員，必須定期進行體檢，確保健康。農民平常忙於農作，怎麼可能會留意自己的身體狀況，我們因爲要辦ＩＳＯ認證，每年都把他們帶去體檢，所以那時候有些農民會笑說，我們比他們的兒女還要孝順。

在申請認證時，我們有位八十幾歲的契作老農也在ＩＳＯ認證範圍，他太太有天來米廠商量想要周轉現金，要去花蓮看病，結果三、四個月後就過世了。後來從負責幫我們農友體檢的醫師處得知，原來老農原本就有肺結核病史，醫師曾建議他們全家都要定期檢查，但他們沒有去，老農的太太就是因爲感染肺結核而離世。從那次經驗以後，我們就規定契作農戶的夫妻都要一起體檢，不只要顧農民的健康，與他一起工作、生活的伴侶都要照顧到。

我們提供的獎金、補助、體檢與各項額外福利，都是給農民最直接的回饋。「農民好，我們米廠才會好。」因爲米廠需要農民種出好的稻米，有好的產品，我們才能有好的銷售成績，農民是我們重要的產品供應來源，禮遇相待，理所當然。

不像糧商

糧商不是公益事業，追求利益本來就是資本主義的精神，但有人說我們是「社會主義糧商」，把農民的利益擺在最前面。甚至有人說我「不像糧商」，但我每次自我介紹常自嘲是「不肖糧商」，因爲在其他糧商眼中，我才是不肖糧商。當初率先提出提高穀價、打破公糧價、辦理教育訓練課程、推動產地證明等，我做的所有事，都在破壞一般市場行情與規則，我當初的處境，與其他糧商之間的關係反而對立。

要選擇對立，或是選擇同一陣線，端看你的想法，只要看法改變，所有的問題就會改變。如果農民與糧商的關係，只有收購的買賣關係，那樣的感情基礎不啻非常薄弱無法長久，也很容易受到外在環境影響，甚至因爲利益考量變成對立的惡劣關係。當彼此的感情緊密，會爲他人著想，會以整體利益考量，會願意接受我們的想法，會配合我們所推行的各項作法，才能形成共識，一起攜手往同個目標邁進。

2 教育是最划算的投資

民國五十一年池上初中③創校，籌備建校極爲不易，我的祖父梁火照與杜錦枝、徐煥光、何阿坤三位池上在地仕紳各出資一萬元捐助建校購地。我的祖父務農兼營米廠，沒有機會受過教育，他深知教育的重要性，所以透過捐助回饋鄉里。當時一萬元是公務人員一年的薪資總合，我記得母親當時在福原國小任教職月薪才三六〇元，顯見當年那筆資助金額相當高。

同樣地，我也深切明白教育對地方發展的重要。池上早期教育資源匱乏，我自己在國中以後便離家遠赴台中求學，對教育的城鄉差距感受特別

③民國五十七年改制國民中學。

強烈。雖然因爲子女小學時就讀池上福原國小，曾有機會擔任福原國小家長會會長，以一己之力聯合其他家長盡力給予學校師生幫助。但當時忙於家中事業與池上米產地認證，我的子女跟我一樣在國小畢業後隨即到外地念書，沒有留在池上，我也因此卸下家長會長職務。

基金會取代家長會深耕百年大計

有鑒於學校家長會成員因爲學生畢業有所變動，只能提供短期協助，無法推行持續性的計畫。我認爲，沒有考慮時間成本的短期思維太昂貴，對教育的協助影響有限。於是與幾位同樣重視池上在地教育的鄉親，決定成立「財團法人福原國小文教基金會」，民國九十二年註冊通過，由我擔任第一屆董事長。我們從各任家長會長、歷屆校友、熱心公益的各界人士共同募得二百萬，後續持續接受捐助，做爲資助池上長期教育發展的單位，並透過完整的組織章程與管理，協助池上教育長遠計畫的推動。

池上以農爲主，沒有大型企業，有心付出的池上人出資捐贈，多是一、兩萬的零星捐贈，在成立基金會後，更能持續且有效地發揮資金應用。我們不追求募得金額的多寡，而是這些錢能否發揮最大效益，才是基金會成立的目的。

基金會的獎勵對象包括學生與學校教職員，除了清寒學生與師生急難救助、鼓勵學生的獎學金，舉凡池上在地學校因教學或公益活動所需，都可透過申請得到補助。例如池上國中管樂隊的師資補助計畫、福原國小食農教育課程資材補助等。

一開始在獎學金的發放上，如同一般外界一樣，多針對成績，以每人約二、三千元的獎學金補助方式，但久之無法看出實質效益。資源有限的考量下，董事會成員在固定例行會議時會提出很多想法與改善方案，要將這些得來不易的經費花在最有效的地方，所以才有目前的「清寒精英助學方案」。

我們直接補助考上公立大學之池上鄉低收家庭子女學期期間每個月

五千元的生活費用，一次直接補助四年，減低父母的經濟負擔，讓他們能安心求學，不需爲了生活分心打工或倚靠助學貸款。實行這些年來所贊助的低收家庭大學生已經畢業幾位，其中有一位在今年考上台大研究所，每個學生都很優秀。

每個池上人都是農業「正規軍」

清晨七點半，一九七縣道旁的田邊聚集了數十位學生、老師與家長。這天是池上福原國小五年級學生的二期稻作插秧日，六年級也要參加，連已經畢業、即將升上國中的學長姐，都被老師找來幫忙。沒有下田的人，就負責遞送或抛送秧苗，甚至校長也親自下田。有些初次嘗試插秧的孩子，腳踩進田裏就不小心摔了跟斗，弄得全身泥濘；有些學生雖然專心將秧苗一叢叢插入田中，到最後才發現插得歪七扭八。一整個早上的插秧活動，充滿歡笑。

福原國小的食農教育，在每年二期稻作期間進行稻作實務課程，由學校教務主任編寫課程內容，我則提供實作田地，福原國小文教基金會贊助資材支出，將池上的稻米產業實際融入學校鄉土教學中。

我們的教學不是「體驗」，而是「實作」。當初學校提出食農教育的構想，我向校長與主任要求，參與的學生從插秧、施肥、除草、割稻整個過程裡，不能只是隨便體驗感受就好，必須跟池上農民一樣，詳實填寫栽培紀錄，也要了解加工流程、銷售與行銷包裝，甚至還要把米全部銷售完畢，並舉行成果發表。如果沒有做到這些，我們不要教。因爲舉凡跟米有關的事，我們都嚴肅以對，不能只是玩玩心態，從大人到小孩，每個池上人都必須是「正規軍」。

這套屬於池上特色的稻米食農教育分成不同年級個別規畫。五年級學生負責種稻，從參觀育苗場、插秧、除草、施肥、到收割整個種稻程序都要親身參與，填寫栽培紀錄。待收割、加工成白米後，再由六年級負責銷售、設計履歷紀錄與產品包裝，以及最後銷售利潤計算。我所提供的田地與肥料並不是免費提供，租金與肥料資材成本都會計算在他們的成本裡，最後銷售完畢的盈餘才成為學校運用的基金。

池上國中同樣也有與福原國小一樣的食農教育，從種植到銷售全由學生一手包辦，他們甚至捨棄機器烘乾，在學校空地以傳統日曬稻穀。加工後的日晒白米即使一箱十二公斤裝定價超過三千元，仍快速銷售一空，包括老師、家長、畢業校友，甚至過去贊助秋收藝術節的長榮企業，也是認購池上國中日晒米的支持者。

池上的食農教育不僅針對學生，過去也針對老師開過相關課程，如稻米種類、選米與煮米訣竅、農機具介紹等。經濟產業不能與教育、生活脫節，透過這些全面普及與嚴格紮實的課程，才能讓米的文化深耕池上。

校園資源須仰賴全鄉力量

池上國中是池上唯一的中學，由於少子化緣故，目前全校雖只有七個班級，學生人數僅剩一百五十人左右，但校內卻有一支成立十年的管樂隊，而且從民國一〇四年度開始，連年榮獲台東縣學生音樂比賽優等成績，民國一〇九年更獲得全縣特優第一名。不但讓外界刮目相看，也讓池上人感到非常驕傲。

民國一〇二年池上國中五十週年校慶，受邀領唱國歌的台東大學音樂系蔡美鈴教授需有樂隊伴奏，池上國中管樂隊順勢成立。礙於師資與經費，一開始只是小規模的班級練習，後來參與學生增多，規模逐漸擴大。但管樂的樂器十分昂貴，初期只能向他校商借或向外界募集二手樂器，指導老師甚至帶著學生到掃具室挑選不同尺寸的垃圾桶，做為定音鼓的取代樂器。訓練場地也很克難，只能借用跆拳道教室練習，裡面沒有冷氣，下雨時還會漏水。儘管如此，仍沒有澆熄學生學習的興趣，反而吸引更多人加入。

樂隊人數雖逐年增多，但樂器數量不足，兩三位學生共用一把樂器是常見的事。甚至還有一年因須歸還借用樂器，面臨參加縣內比賽前卻無樂器可用的窘境。「管樂隊有各分部需要各式樂器，光一支巴松管（低音管）要價四十萬，若不是仰賴地方人士與外界贊助，我們根本無法達到目前規模。」池上國中蘇意媛校長點出成立管樂隊的困難度。

一般學音樂的孩子大多從小就接觸樂器，這些學生卻是上了國中才開始學習。當時指導老師只有一位，教學資源不足，學生在學習的過程中挫折不小，但老師們不放棄，努力克服環境限制，積極向外尋求資源。對我們來說，學生的學業成績不是唯一的成就指標，學生能在音樂學習過程中得到自信，同時學習團隊互助的精神，這跟我們池上長久以來「打團體戰」的形式一模一樣。

池上的孩子是我們心中所繫的未來，我們地理位處邊陲，缺乏文化刺激與學習機會，這不能只靠老師，應該要挹注全鄉力量。

池上農友餘裕回饋鄉里

我們每年辦理鄉內稻米品質競賽，陸續有獲獎農民把競賽得到的獎金全部「裸捐」給學校。農友唐金滿是池上國中校友，當他獲悉池上國中成立管樂隊所需經費不少，便把首次在鄉內稻米競賽獲獎得到的十六萬元獎金全部捐給池上國中，資助購置樂器及聘請教師。管樂隊成立至今十年裡，他在鄉內稻米競賽前後獲獎三次，三次加總將近五十萬元的獎金，皆全數捐助池上國中管樂隊。

「我跟老婆都有固定工作收入，對我們來說，這筆獎金是額外禮物，我們把這份禮物送給池上國中管樂隊，發揮的效益更大，所以家人都很支持。我甚至期望未來還有能力繼續捐贈，直到累計一百萬的目標。」民國一一一年七月三十一日，在池上學子聯合音樂會結束返家的路上，唐金滿因池上國中管樂隊精湛演出感到欣慰，對我信誓旦旦地如此說著。

五天後，全鄉一期稻作稻米品質競賽揭曉，唐金滿再度得獎，而且後來在十月六日代表池上參加全國稻米達人冠軍賽，最終獲得有機米組冠軍殊榮。加上這一年累計的獎金，就即將達到他所設定的「一百萬」捐贈目標了。除了唐金滿，民國一〇九年台灣稻米達人有機米組冠軍的官聲燐也同樣曾將他的冠軍獎金捐給池上國中。

每年七月，池上國中會舉辦音樂發表會，與池上的師生、家長、鄉親們分享他們一年來學習與練習的成果。民國一一一年，在池上管樂隊成立十週年的這一年，音樂會的表演形式擴大至全鄉學子，除了池上國中，還有鄉內學區的其他三所小學：福原國小、大坡國小、萬安國小。

不論是有校友參與演奏、超過六十位樂手編制的池上國中管樂隊，或是大坡國小僅十一位學生組成的弦樂團，演出曲目從古典樂曲、阿美族傳統古謠、到改編現代流行音樂，每一段演出精采萬分，現場掌聲如雷貫耳。不僅樂聲旋律悠揚，學生們在舞台上專注的表情與自信的展現，更讓人動容。幾天前才在福原國小食農教育活動裡協助國小學弟妹插秧實務的高壯男生，在這場音樂會裡搖身一變成爲池上國中管樂團裡唯一的大提琴手。

這樣的場景在都市裡或許平凡無奇，但在總人口只有八千多人、國中小學生加總不到四百位的池上鄉，這是十年前從未想過的事。看在我們池上人眼裡，我們深知要走到這裡有多麼不易，那是集結眾人的心血才達到的成果。

池上農民的尊嚴與笑容，來自穩定的收入。有穩健的稻米產業爲基礎，農民整體經濟能力不差，生活溫飽得以滿足，才有餘裕回饋鄉里，這些與我們當初提高穀價、品質提升、推動池上米產地認證都有關係。

教育乃百年大計，我們對下一代的教育非常重視，透過池上稻米產業穩定發展的基礎，挹注資金於教育投入。然而，**「出錢是最沒有功德的，一定要『陪伴』。」**除了出錢也要出力，在福原國小文教基金會前後擔任多屆董事長的過程裡，我很清楚明瞭「陪伴」的重要，陪伴學生，也要陪伴老師，我們跟池上四所學校的老師都很熟，只要時間允許，我幾乎都會出席支持各項活動，若遇困難，在能力範圍內也會竭盡所能提供協助。

正因爲這樣的陪伴與支持，池上的學校老師凝聚力很強，流動率不高，有不少轉調他校的老師甚至再度申請調回服務。這幾年，除了學生表現優異，民國一一〇年池上國中詹永名老師更獲當年師鐸獎肯定。

池上國中管樂隊在參加校際比賽或各大音樂演出場合讓眾人驚豔，其背後花費的練習時間與努力程度難以想像。學生利用假日練習演奏，課業該如何兼顧？池上沒有補習班，詹老師與其他老師時常在課後晚上留在學校，主動幫學生義務性課業輔導，讓學生不因管樂隊練習而影響課業。

池上學子有很多舞台可以展現自我能力，不管是國中管樂隊，或是三所小學各自發展的音樂團體，地方性活動時常邀請學生公開表演，如元旦升旗典禮邀請池上國中管樂隊擔任國歌演奏、池上國中學生擔任每年秋收稻穗藝術節主要志工。

在這些活動中得到尊重與讚美後，學生有足夠的自信，相對也表現在學業上。池上國中的學測成績在過去曾是全縣倒數，民國一〇九年卻一躍成為全縣最出色的國中，鄰近地區如海端、甚至關山鎮都有學生跨區來池上就讀；也有池上國中畢業生後來考上台東高中，並應屆考上台灣大學。這樣的翻轉改變歷經七八年，是一步一步，一點一滴累積而成的。

計畫性介入　繼續翻轉池上

池上很小，是花東縱谷水稻栽種面積最小的區域，但我們的品質與產值最高；池上的學生很少，但我們的孩子能文能武，會讀書，也會種稻、演奏樂器，還能勝任活動志工。套一句秋收志工總召陳秋菊說的一句話：「池上的孩子要變壞很難，因爲他們太忙了。」

如今，池上學子的優異表現與信心展現並非一蹴可幾，而是我們有計畫性的強力介入。雖然池上農民平均收入提高了，但在我平常接觸的契作農戶裡，還是有不少隔代教養的家庭，這樣的家庭多半是家長在外打工，無法把小孩帶在身邊，才會逼不得已將孩子留給祖父母養育。

這些孩子在小學高年級時就要開始幫忙家中農事，甚至有時要去幫忙補秧打工。面對這類弱勢家庭孩子的成長，特別令人憂心，所以我們要想盡辦法透過各種方式，讓他們有機會拓展視野，建立自信。

住在鄉村的孩子所見有限，要怎麼拓展視野？有人說「網路世界無遠弗屆」，過去很多人想到的只是提供硬體設施，改善城鄉差距，但我認爲沒有實際操作，沒有用自己的五官去感受，透過網路的虛擬學習效果還是有限。既然沒機會接觸外面的世界，那我就把「外面世界」的人找來。我們與台灣好基金會的合作、秋收稻穗藝術節、穀倉美術館、米倉生活館等，都是透過外力資源的引進，提供池上學子拓展視野的機會。

很多人說我出錢出力不求回報，但我認爲這不算什麼，若站在個人利益視之，當然是影響個人資產；但站在整個池上的角度，池上大賺！花這麼微薄的成本，就換來對地方上的巨大影響，這投資報酬率非常高。從我祖父母一貫以來的家庭教育裡，我們一直被耳提面命，對地方有益的事，只要我們有能力，就要拋磚引玉帶頭來做。

唯有「文化」與「教育」能夠翻轉池上，這兩件事刻不容緩，再大的投資都是值得的。

3 從末端推論，不斷向前

民國一一一年七月十九日，嚴長壽先生在東海岸花東縱谷國家風景區管理處的演講中，秀出這段話的內容（見圖4-1）。嚴總裁提到，發現問題、或找出解決辦法並不難，但你要推動一件事情，必須先做出一個成功範例，讓大家來複製，這樣才會成功。

我聽到這段話非常驚喜，因爲我們池上二十多年來做的每一段改革，每一回戰役，就是秉持同樣的思維，同樣的心法去完成的。

改變先從小規模開始

早期面臨WTO的威脅，池上很多人只會慌張，只會抱怨。我當然知道農家人很無奈，自己辛辛苦苦種的米，價格卻要由別人來定價，這根本

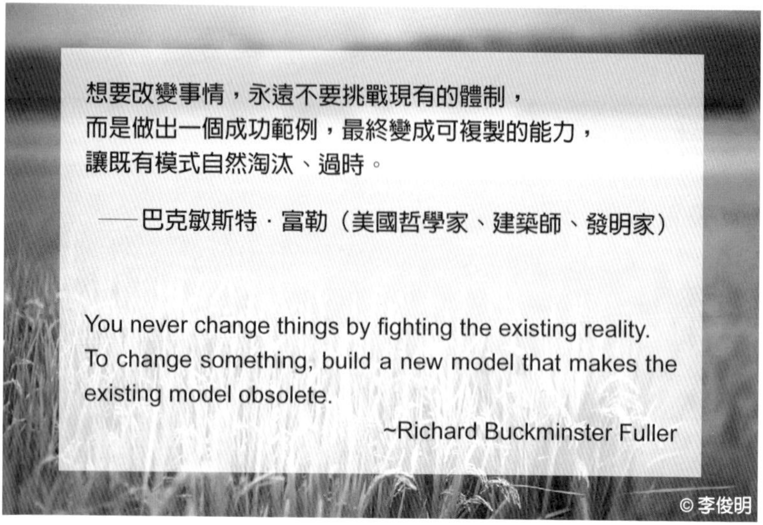
想要改變事情，永遠不要挑戰現有的體制，
而是做出一個成功範例，最終變成可複製的能力，
讓既有模式自然淘汰、過時。
——巴克敏斯特．富勒（美國哲學家、建築師、發明家）
You never change things by fighting the existing reality.
To change something, build a new model that makes the existing model obsolete.
~Richard Buckminster Fuller
© 李俊明

圖 4-1

不合理。但慌張抱怨無用，重點在如何解決問題，要解決，就一定要改變。然而「維持現狀，抗拒改變」是人的習性，多數人害怕改變，拒絕改變，或是不知道如何改變。農家人的生活單純，要跟農友溝通一個新觀念，更是不容易。我們身爲糧商，對外接觸多，比農民看得更遠，有風險管理危機意識，只要知道哪條是正確的路，就有責任協助他們一起改變。

但改變的步驟很重要，不要妄想一次解決所有問題，倘若因爲急躁，想要一次就成功，通常會不得其門而入。進行改變時，要先從小規模開始，**做出成功案例，讓人看到，讓人複製，否則沒有人會貿然跟進**。

當初要推動萬安有機村，民國九十年先從蕭班長五分半的農地開始，產量與收益成效符合預期。有了成功範例，接著二期稻作吸引十四位農民加入，有機種植超過二十二公頃，第三期再持續擴大至六十六公頃，我們就是用這種漸進式的步驟來完成。池上米品質計價與驗證過程亦然，從民國九十一年第一次六十五位農民一〇八公頃開始，透過教育訓練與加價收購的方式，逐年逐批擴大驗證，至民國九十四年池上鄉已有八成以上農民加入驗證契作。在栽培技術上，我們已能夠掌控微氣候、栽培等相關資訊，透過教育訓練，迅速複製，所以池上只要有一位冠軍米的栽培者，我們就能訓練出一個冠軍米的團隊。

同樣地，秋收藝術節活動也不是一開始就有如此規模，或得到全鄉認同。從民國九十八年十米寬舞台、六百位觀眾的第一場陳冠宇音樂會，一年一場逐步調整。民國一〇二年，迎來吸引數千位觀眾的雲門舞集〈稻禾〉首演，到今年秋收稻穗藝術節，門票開賣後三四分鐘隨即售罄，全鄉有超過二百位志工參與……池上所有活動的推動與發展，也是用同樣的心法去完成目標。

我們在池上所做的改變，都是先從小規模開始，再全面複製擴大。但當成功範例無法複製時，即表示那可能只是偶然的成功，整個過程還沒了解透澈，或百分百掌控，裡面一定還有盲點尚未突破，必須回頭去找出問題，逐一修正。

整體利益沒有放在首位是失敗主因

池上已經證明品質計價是提高穀價的好方法，但爲何至今只有池上鄉是全台唯一採稻米品質計價的地區？十多年來當然有西部米廠，或來自台灣各地的單位來池上參訪，想了解我們池上是怎麼做的，但短短參訪數日，只把鄉公所那套自治規範條例拿回去，把「池上」換成自己的地名，那毫無意義，如果沒有抓到重點，很難複製成功。

在品質提升的背後，有很多細節與配套措施。其他糧商是不是願意跟我們一樣拿出高額獎金鼓勵農民？公部門是不是願意擔任中立的執行單位？在制定規範時，是不是能以整體利益爲考量？有沒有讓農民學習提升品質的課程訓練？收穀時，農民的穀子一車一車來，數量這麼大要如何分級？倉庫如何分倉管理？檢測流程與制度？這些制度上的細節都會增加管理與檢測成本，有些人不見得會願意做。仿效者必須針對自身條件澈底檢討，在衝突時必須有割捨，取得共識後制定與調整。

成功經驗的複製，不能只是複製表面，必須要把「整體利益」放在第一。

從過去到現在，我們米廠做的任何一件事，幾乎都是池上新創，由我們做出示範，證明做這些事能帶來的好處，同時提供各種誘因，讓農民實際得到利益，進而改變思維，捨棄不適時的舊有模式。其他糧商看到我們的成果，也才會起而效尤，認同我們的做法，帶動整體的改變。

以池上農會爲例，早期的農會主事者並不支持我所做的事情，甚至阻撓反對，但當他們了解這些作法不是圖利我一家公司，而是對池上整體受益，看到實際改變後得到的好處，就會相信我們，加入我們。

近年時常聽到「企業社會責任」一詞，企業除了顧及股東利益，還需將社會、社區、環境、上下游供應商等利害關係人的權益納入企業發展脈絡，以利企業永續發展。我們的規模雖不是大型糧商企業，但對於消費者、農民、池上的社區居民、學子，甚至環境等的權益，都是我們米廠發展數十年來一直心之所繫的對象，我們做的每一件事都是經過深思熟慮，考量所有人的最大利益出發，所有過程一定公開合法，絕不走橫行欺瞞、拐彎抹角的路。如果有人不同意我們的做法，我們就持續溝通協調，直到完成共識，在未達到共識前，絕不一意孤行。雖然溝通協調與遵照合法程序確實需要花費較多時間，**但我有耐性，只要認定有利於整體利益的事，我不會放棄，這是身爲糧商的責任與使命**。

從末端往前推的逆向思考

我不是一個衝動的人，想到什麼做什麼。在做任何事之前，我會先靜下來思考，從末端往前推論，把整個流程、邏輯都想過一遍，有完整規畫，才會開始進行。

譬如，很多人蓋房子，通常先找建築師、結構技師、房子蓋好了才找室內設計裝潢。但我的作法不同，以我目前正在進行的長住型公寓爲例，早在動工之前，我先找室內設計師把房間規畫好，再找結構技師畫出結構，最後才請建築師計算建蔽率，容積率等。等到整個規畫都完成，才開始動工，中間若因爲任何原因延後進度，也都能在掌控當中，想辦法解決。

從後面往前規畫，可以把整個流程想得更周全，避免中途發生遺漏或錯誤，降低失誤犯錯的機率，減少重新修改或重建的成本。很多人蓋房子做到一半，得重新改規格、拆窗戶等，就是因爲**沒有完整思考後就開始**，徒增時間與資金成本。

這樣的思維在廠房規畫上更顯重要，廠房的設備造價昂貴，很少能夠一次到位，通常要分次添購。機器一旦設置後也不容易移動，整個空間、動線都必須審愼規畫。當初退伍回來接手米廠，爲了提高加工效率，著手進行富興分廠設置。在動工前，我已經先把所有收穀流程、動線以及資金部位做了詳盡規畫，才分次逐一完成各項設備建置。

民國七十四年開始規畫與動工，在成本控制下，包括地磅、礱米機、粗糠間等機器與設施，以五八〇萬的成本初期建置完成，民國七十五年建興米廠富興分廠正式開始運作。民國九十年設置散裝桶，完成倉容設施；民國九十四年設置無塵包裝室，解決包裝問題；爲能源永續發展，民國九十七年開始進行以粗糠燃料爐規畫，民國一〇〇年完成粗糠爐烘乾設備建置；民國一〇五年已先預想未來可能面臨的缺工問題，進行自動化設備規畫，民國一一一年完成精米機與自動化設備建置。

走在前端才有勝算

我們的廠房建置都是提早很多年規畫，然後按照時程逐一完成，所以我們米廠的各項新穎設備，都是池上糧商裡第一個完成的。

永遠走在最前端，才有勝算機會，但勝負很難定論，不一定每一次都成功，走在最前面，也有先行者的失敗風險。

「無洗米」，源自日本，「不需要洗米，直接就可煮的米」，標榜可省下洗米時間及用水量，在日本很流行。當我一發現這種新產品，爲了增加商品銷售多樣性，也曾花了三十多萬投資無洗米精米機，推出無洗米，試試市場水溫。最後，這種商品不符國人習慣，市場接受度不高，銷售成績不佳。所幸在投資前已經評估過風險，所以影響不大。一次失敗，我們就會檢討原因，讓下次不要再犯。

前幾年因爲全台水稻大豐收導致穀價下跌，只有池上的價格沒有波動，有農民心有所感地跟我說，還好我們當初有做產地證明標章，這當然是對池上米品質與池上農民技術的肯定，但也提醒我們，做所有事情思慮都要很遠，永遠要比別人先做。現在回頭來看，確實辛苦，要上課、要寫紀錄、要驗農藥殘留……要比別人多做很多，但其價値顯現就會慶幸還好我們有經歷那些過程，還好我們一直走在最前面。

往後，除了深化我們自己對於產地證明的責任以外，更應該深化池上米的內涵。不是因爲我們位處池上，有天生的自然條件，而是因爲我們必須比全國的稻農更認眞，更重視安全，更重視生產履歷，所有的紀錄都要眞實，所有的安全都必須被看見。

目標明確反覆修正

我國中時離開池上到台中大安國中就讀，放假都要回來米廠幫忙。當時還沒有南迴鐵路，只有金馬號客運來往台東與高雄之間的公路。有回暑假要從台中回來池上，正好遇到颱風來襲，太麻里溪河水暴漲橋梁斷了，車輛無法通行，塞了好幾公里的路，前方無法繼續通行，當晚得找地方過夜。

我趕緊打電話回家，問到附近同業米廠的聯絡資料，去向人家借了幾百元，跟現場的那些長輩們一起在旅社住了一晚。待隔天溪水稍微退去，搭農用拼裝搬運車勉強渡河。接著，從太麻里一直往知本方向走，再想辦法回到池上。

退伍後因爲米廠工作所需，我隨即考取大貨車駕照。有次開車送貨到半路，貨車突然在路上拋錨，前不著村後不著店，在早期沒有手機的年代，該怎麼辦？我沒有別的選擇，只能一直走，一直走……走到有人的地方，再向人家借電話找修車廠援助。

在過去的經驗裡，我很早就已經明瞭，**人生不可能總是順遂，遇到問題，逃避無用，要想辦法解決；這個辦法行不通，就想辦法修正，再找另一條路走**。這種「一路向前不斷修正」的信念深深影響著我。

永遠不要想退後

常有人說我簡直像一本活日曆，能隨口明確道出哪一年做了什麼，哪一件事情花了幾年，甚至連幾月幾日、哪年的穀價等，我都記得一清二楚。不是我記憶力好，而是因爲那些都是極不容易的挑戰與努力，一筆一筆地刻畫在我的腦海裡。

米價提高、比賽冠軍、藝文活動成功、池上學子優秀……別人看我們池上做的每一件事都很風光，以爲我們只是幸運，受上天眷顧，但其實每一場都是硬仗，背後的艱辛過程是別人看不到的。事實上，我們常常碰壁，但也會時時修正。在不斷碰壁、修正的反覆過程裡，找出最佳模式與做法，即使已經達到最佳程度，也要想辦法維持，甚至繼續往上提升。

池上米證明標章規範的制定也不是一次到位，從池潭源流協進會在民國九十二年擬定的池上米認證標章管理規範，到民國九十三年九月十二日《台東縣池上鄉公所「池上米」註冊證明標章使用管理規範》草案，在實行過程中陸續遇到不符實際運作的狀況，我們就想辦法解決，逐一修改標準，至今已經修訂近十個版本。在修改的過程裡，不僅要做「事」，還要處理「人」，遇到彼此利益衝突的狀況，就得協調商議或是妥協，找出能符合至少九十五%之整體利益的最佳辦法。

民國九十一年台灣加入WTO，雖陸續有進口米流入市場，因量少衝擊不大。但隔年九十二年元旦開始，台灣稻米進口政策由「限量進口」改爲「關稅配額」，幾乎對外全面開放，大量的低價進口米嚴重影響我們六月收割的一期稻作銷售。到了年底，二期稻作準備收割，但倉庫裡的稻穀還沒賣完，一期米還有六〇%尚未售出，造成二期稻作要收割時倉容嚴重不足。然而，我們與農民都是簽訂契作，一定要收，不能失信。爲了解決倉容問題，賠本也得賣出，把倉庫清空才能容納二期稻穀。於是，價格崩盤了，當時池上的穀價跌至九二〇〇元，其他地區更慘，屏東地區就跌至八〇〇〇元，破十年新低。

當時爲了解決倉容問題，加上產地標章遭遇阻撓申請不順，我爲此失眠好幾個月。有天中午，我在米廠工作時突然感到心臟不適，趕緊急診送到慈濟關山醫院檢查。從小到大在米廠扛米包，自詡身體強壯的我，這是我這輩子第一次住院。

這次發生的倉容問題，雖然跟WTO有關，卻也顯示我們的倉容管理需要改進。一年兩期稻作裡，一期稻作的生長時間比二期長，但一期收割到二期收割間只有四個半月，加上一期稻作的產量通常較好，因此二期收割時只要遇到一期銷售變差，庫存消化較慢時，就會發生倉容不足的問題。

爲了避免這次事件再度發生，我推算出「一五〇%倉容理論」：假設一期收四千噸的稻穀，倉容至少要有六千噸的空間。所以在那次事件之後，我們就擴增了一〇〇%的倉容，防範未然。

「去此一步，即無死所。」在審慎思考後，目標明確，就是一直向前，不要想退後，因爲退後的成本更高。途中遇到問題或困難，靜下來思考，判斷事情先後順序，想辦法解決。解決之後檢討問題的原因，做出行動，避免再犯。這是我從人生經驗體悟的心法。

4 共擔精神

米廠與家族特有的共擔精神

想體會何謂「吃苦耐勞」，來米廠工作就知道。之前有位二十多歲年輕人到我們米廠打工，每天都喊累，其他員工都會開玩笑臆測他哪天辭職。但其實現在米廠內有不少工作已經由機器取代，尤其是搬運作業，早期全部仰賴人力，那才眞的辛苦。

五十年前，我叔叔跟其他員工負責用畚箕搬運稻穀，我們小孩比較沒有力氣，就幫忙牽米袋。光是這樣，一天工作下來，小孩的指頭嫩，十隻手指破皮流血是家常便飯。回家後，母親要我去寫功課，我偶爾面露難色，後來才跟母親坦承，不是存心偷懶，實是手破皮起水泡，無法拿筆寫字。

上了國中，體格漸漸壯碩，可以扛米了。過去在米廠工作，「扛米」是必備能力。當稻穀收成後，爲期兩週的加工期開始，每包六十公斤重、至少二千包起跳的稻穀，就是要一直扛，一直扛……直到工作結束。中間即使休息片刻，米包也不會變少，既然躲不掉，不管你喜不喜歡，咬著牙也要做完。那時候養成的耐性與韌性，是難以想像的。

也許因爲經歷過那些吃苦耐勞的過程，「放棄」或「中間落跑」從來不是我的選項。

但人的體力有限，有時兩人合作會比一人單打獨鬥有效率。有些米包重達一百公斤，一個人不一定扛得起來，即使負重能力再強，連續扛幾包下來，體力遞減效率變差。這時候就要靠兩個人同心協力一起去扛，不管彼此有任何紛爭或不悅，最後還是得面對面，言歸於好，才能完成工作。

米廠裡這種團隊互助的表現，我稱它「共擔精神」，這在我們家族展現無遺。池上當地人很佩服我們家族強大的向心力，沒人見過我們家兄弟，甚至伯父、叔叔、姑姑等父執輩間吵架過。

民國七十九年，台灣股市從歷史高點一二六八二點崩跌至二四八五點，我們家族中有兄弟因投資股票嚴重虧損，這不是他一個人的事，而是全家的事，共同面對解決，兄弟間不分你我，就是想辦法湊錢還債。那時候因為負債，生活必須勤儉，我連腳踏車都不敢隨便換。

這件事對我們家每個人影響很大，尤其是當事人，跌了一大跤，如果因此放棄，人生就毀了，家人之間當然要互相拉一把。等當事人東山再起，當我們其他人有需要協助時，他也同樣二話不說，馬上出錢出力。所以我們兄弟之間沒有紛爭，只有互助，感情的深厚讓外人很難理解。

這樣的精神，甚至到我的子女（第四代）亦然。我有二男二女，如今四個都已大學畢業，也是一畢業就回來參與我們所有的工作。

民國七、八十年代台灣正值經濟起飛，國民旅遊觀光風潮開始興起，為了趁勢推動我們初期的有機米，我們創建可容納近七十四位房客的「大地飯店」，是當時花東縱谷沿線第一個觀光型飯店。民國八十四年七月二十二日開幕營運正值暑假，訂房人潮不斷，米廠、有機農場、飯店的工作都很吃重，那一年我的小兒子才剛滿一歲。

孩子們到現在時常提到，他們的童年都是在飯店裡長大的，甚至嬰幼兒時還睡在櫃檯後方的紙箱裡。小時候他們最怕過年或放暑假，因爲那是我們的旺季，是家裡最忙的時候，連小孩也要到處支援工作，二女兒小學三年級就已經在大地飯店櫃檯幫忙。

如同我父母親對我的教養，當我們同樣爲人父母，除了在他們小時候，我們必須負起嚴格管教的責任外，我們從來不會直白明確地要求他們非得怎麼做不可，但他們從小看著、甚至跟著我們一起工作，家裡事業都跟他們有關，所以畢業後回來投入家裡的事業，就跟我當年退伍回來接棒一樣。

他們是年輕世代，會用嶄新思維去想能爲家裡多做些什麼。目前負責米廠業務的大兒子、多力米故事館內池上好店的兩個女兒、大地飯店的小兒子，連同我的太太，我們全家人都投入自己的家業，所以我們的感情就如同我父執輩那樣的「共擔精神」，群策群力，在工作上都會互相補位。我因爲平常工作忙碌，有時不見得能主動教他們，但只要工作上遇到瓶頸，他們就會想辦法問，或先做好準備再提出方案，如同我以前在米廠問父親的方式一樣。

我們就是把每個人的工作分配好，遇到困難或問題，或無法處理時，全家人就一起來想辦法解決。

池上全鄉都是共擔團隊

這樣互相合作的共擔精神，也是我們池上整體的特殊氛圍。

民國九十四年六月，一期稻作正要準備收割，卻遇上連日豪雨，農民憂心忡忡。當時有些農民種植深受消費者喜愛的「越光米」品種，但在日本最受歡迎的越光米在台灣的氣候環境下，卻容易發生弱桿、易倒伏的狀況。早熟特性正好碰上連日豪雨，更是雪上加霜，稻桿一旦倒伏，日頭一晒就會導致稻穗發芽。那一年，在新武呂溪畔有十多甲地都種植越光米，當時七十五歲的唐源風老先生也是其中之一。

好友唐金滿的父親唐源風老先生，是從我父親時代就開始往來的長期契作夥伴，他因擔心一期稻作無法收成，「袂食袂睏」，愁眉苦臉，憂心全寫在臉上。除了農收損失，因稻桿倒伏割稻機無法運作，只能將傾倒的稻穀隨意清掉，這對敬天惜物，不能損五穀的農家人而言，怎麼捨得這麼做？唯有靠人力方式，將稻桿一一扶正，讓割稻機正常運轉，搶收部分稻作，減少稻穀毀損，別無他法。我一聽到消息，立即致電給各村聯絡人，請他們把萬安村有機米產銷班人員都找來我所經營的大地飯店開會，要求大家隔天早上一起來協助搶收。

我跟大家說：「這不是在幫我，也不是幫唐先生，而是幫你自己，因爲有一天，你可能也是那個需要協助的人。」

當天一早，產銷班人員全部都來了，甚至有些人出動全家大小，總共有五十幾個人都來幫忙。男人負責以竹竿挑起倒伏的稻桿，婦人或小孩則幫忙遞茶水，或在泥濘田裡整理稻穗，方便割稻機運行，大家不分彼此同心協力，兩塊田兩甲半的地，不到一天就完成。

這件事在隔天上了報紙版面，報導篇幅不小，池上米剛獲冠軍米殊榮，媒體特別關注池上。有人問我，你們池上人怎麼這麼團結？我說，池上適合打群架，不能單打獨鬥，因爲人太少，隨時會被殲滅，所以一定要互助合作，池上的農民是患難與共，互相扶持的團隊。

雖然那兩天在田裡彎腰、用雙手扶起稻桿的工作，回家後腰痠背痛，但只要有人需要幫忙，我們鼎力相助，這就是米廠的「共擔精神」，早已內化在我們心中，這種精神與氛圍，不只在我們家族、米廠、社區，甚至影響延伸至整個池上。

後記

九月十八日下午二時四十四分，池上發生芮氏規模六．八的強烈地震。天搖地動，山鳴地吼，路面斷裂，田埂隆起，寫著「伯朗大道」四字的木樁應聲斷裂倒進田裡，池上鄉親家裡物品傾倒一片狼籍。

發生當天適逢週日，我們在第一時間疏散飯店與餐廳的客人，關閉瓦斯和水電，將客人都安頓好後，立即衝去拯救飯店頂樓倒塌的水塔。只見五噸水塔宛如瀑布傾瀉而下，我們沒有時間埋天怨地，傷春悲秋，努力將損害降到最低，盡快復原才是眼前最重要的事。

隔天天還未亮，我趕緊到田裡巡查，確認我們的農友與田地安然無恙，再回米廠檢視受損狀況，清點待修機械，與同仁協力將設備一一歸位。災後第二天，米廠的加工產線恢復運轉，即使到了夜間還得補班趕工，但大家都很平安，且在這麼短時間內能迅速復原，已感欣慰。

時空改變，心境迴異，此時此刻還能夠加班，眞是一種幸福。

感謝上蒼保佑，池上很幸運，位處震央的我們劫後餘生，沒有嚴重傷亡。災後雖然餘震不斷，但我們沒有餘裕恐懼，重建工作刻不容緩。我看到不少年輕人主動出來跟著村長清汙補路，協助災後復原工作，這些都是花自己額外時間，無償無酬的勞務，大家卻不分彼此互相幫忙，皆以重建池上家園爲目標。這正是池上的「共擔精神」。

自五月南橫開通後，加上疫情趨緩與國旅補助，人潮大量湧進池上。這個夏天的觀光熱潮超乎想像，池上街道到處是人，用餐時刻一位難求，民宿旅店住房率成長超過四成，訂房電話應接不暇。我們大地飯店自民國八十四年開幕以來，從沒像這兩個月如此忙碌，住客天天滿房。在營業額創歷史新高的同時，我不免擔憂這樣的過熱現象究竟是榮景？還是危機？

三個月的喧囂紛鬧，就在此時倏地嘎然而止，被這地震給震停了。

由於交通中斷，池上彷彿被按下「暫停鍵」，沒有熙熙攘攘的外客人群，恢復以往寧靜緩慢的農村步調。然而，我們無法暫停，必須在最短的時間內回到日常。雖然這次地震讓我們承受不少損失，但在這段「暫停」的時間裡，除了硬體的整修更新，也讓我們重新思考經營初衷與大自然的啓示。我心裡揣想著，難道老天在警告世人不要太過貪婪？

回想民國九十四年池上米產地認證正式推行後的十年裡，包括農民與糧商，大家很團結，心無旁騖，專心致力於稻米生產。那時候的農地價格穩定，不會有人想在土地買賣上賺取價差。當時一公頃農地售價約三五〇到四〇〇萬，以一公頃收入約五至十萬計之，只要努力一點的農友，倘若種植面積可達二十公頃，一年兩期稻作算下來，種兩年稻米的收入就能購買一公頃的農地。

但如今池上農地一公頃已飆漲至一千多萬，已不是一般農友所能負荷。過去池上人惜售土地，土地交易都是爲了種稻，但觀光熱潮一進來，地價開始波動，難免出現想賺取輕鬆財的人。還好當初我們已先完成產地認證，後來「金城武樹」帶來的觀光勢力才進來；如果發生的先後順序相反，對我們池上可能是場災難。

我們推動有機種植將近三十年，不用化學合成農藥與肥料，所以田裡的每株稻穀旁很容易長出雜草。爲了不讓雜草繼續生長，農友巡田幾乎是跪在田裡前進，用雙手在稻間梳理挲草，一株株連根拔起後集成整束，然後用力踩入稻田之中，使雜草回歸大地，重新成爲土地的養分。有機種植教會我們「尊重大地」，這也是我們的有機品牌取名「大地」的原因。

然而，這幾年氣候異常，儘管我們累積大量稻米種植相關數據與經驗，但每一期仍要面對各式各樣的變化與挑戰。突如其來的乾旱，稻作因無水源曝晒枯死；因爲氣溫比往年炎熱，得重新調整插秧日期；孕穗時連續數日豪雨，導致稻穀水分含量比往年高……未來的種種挑戰將越來越多。

許多人說池上乃天賜之地，但其實是我們從過去就一直努力到現在，否則上天不會獨厚我們。這次，也許是大地的刻意安排，給我們一個重新檢視，調整步伐的機會，讓我們反思究竟什麼才是我們要的「美好生活」？

願人人都能安居池上，讓共擔精神延續美好，這是我對未來的想望，也是持續走下去的目標。

寫於民國一一一年十月

附錄一

對梁正賢的九問九答

一、如何培養企業二代接班人？

上一代的努力不是天上掉下來的禮物，一定要在求學時期就開始培養接班二代的工作能力，讓他們提早習慣工作，親身體會企業經營的甘苦，不要等到完成學業才讓他們回來接手。同時，企業一代要能容許下一代犯錯，早期犯錯的成本通常較低，越早犯錯，越能降低日後犯錯的損失。

二、在創新轉型前要做什麼準備？

務必先對「本業」深入了解，其次確認「市場」在哪裡。以我當初推動有機米的過程為例，我在民國七十三年退伍後返鄉接手米廠，花了十年時間深入了解稻米種植與整個產業，但我不是先想怎麼種，而是先想怎麼賣，確保可以成功，才開始投入。所以民國八十三年開始試種有機米，同時成立「大地」有機品牌，隔年成立大地飯店，設置銷售門市並販售飯包，以此做爲有機米的推廣銷售點。

三、想從事有機農業，要考慮哪些問題？

「土壤」是有機種植首要條件，所以改善土壤是第一步。同時要考慮「市場」，制定合理售價與通路規畫，一定要先做成本效益分析，精確細算扣除成本後的利潤是否符合預期？幾年後有機會轉虧爲盈？詳細評估後再投入，才能降低風險。另外，有機米必須與一般慣行農法的米分開加工與儲存，配合的米廠是否有足夠且完備的加工與倉容設備，也必須納入考量。

四、能否說明您對「農業數據運用」的觀念？

光是收集大量數據不夠，重點在收集有效樣本。儘管農民非常仔細地記錄自己種植過程的各種數據，但也僅限自己的一方資料而已。我們透過鄉內稻米品質競賽，取得全鄉前十名的樣本，進而有效分析其栽培紀錄簿，歸納出最適管理方式，讓更多人複製冠軍米的能力，自然就能提升整體池上米的品質，在全國競賽中成爲常勝軍。

五、池上地方創生如此成功，您認爲關鍵爲何？

我們不習慣當烈士、做衝動的事，而要做永續模式。「永續」的定義是要考慮「時間」，一次要想幾十年的事情。在地方上任何一個改變，從推動到成功，往往需耗費三至五年，所以時間成本非常重要。而做出來的示範也要讓別人可以複製，才能確保這個改變的可持續性。

六、給當代年輕人一些建議？

建議年輕人從求學期間開始，培養韌性與耐性，將複雜的事情簡單化，透過累積一個個微小卻扎實的努力，必能一步步達到階段性的目標。以財富資產爲例，儲蓄理財通常要靠紀律，開源不容易，節流則是只要願意，通常不難。

七、您強調的「起手式」，是什麼樣的邏輯思維？

我年輕時的決策，有時也會發生思考不夠周密的狀況；但隨著年齡增長與累積，越能體會「從末段思考」的重要性。先想「結果」，再一步步推回到你要做的第一步，那就是「起手式」，起手式決定後面的發展結果。如果一時衝動，先做再說，一旦起手的決策錯誤，很可能結果就會不如預期。

八、如何建立新典範？要注意什麼？

千萬不要複製或模仿，要冷靜思考找出自己獨自的風采，所屬地方的差異性，進而延伸發展，才有機會引領風潮。池上一直在做思維領先、技術領先的事，我們不會隨便亂衝，要達到目標就要澈底執行。我們鄉內稻米競賽一期獎金高達一七〇萬，但不會統統給獎，而且不是給農民幾千、幾萬塊的小確幸，而是一種「拚輸贏」的思維。這一七〇萬就是我們創造池上米整體品質提升的價值。

九、給台灣農業的建言？

農產品一定要建立「可量測」的數位化品質規範，讓消費者、農友、經銷代理商三者都能接受的統一標準。台灣農業裡有太多淺碟型的市場，每逢豐收，供給超過需求，價格大跌；市場遇好價，農民又會搶種，造成隔年再度跌價。而池上米在市場上一直能維持穩定價格，沒有大幅波動，是因爲我們有一套以品質計價的共同標準，產地證明標章讓消費者買單，願意以優於市場的價格購買。這個共同標準仰賴科學儀器的客觀檢測，所以我們願意花三年研發成品分析儀。

附錄二

池上米年表

年份（民國）	池上・梁正賢	台灣・國際
三十五年	•建興米廠創立	
七十～八十二年	•七十三年六月 退伍回鄉接棒 •七十五年 建興米廠富興分廠完工 •七十七年一月十三日 結婚	•七十年代 稻米產量過剩 •七十一年 台灣首起鎘米污染事件（桃園觀音） •七十二年 取消糧區制度 •七十三年 實施稻米生產及稻田轉作計劃 •七十九年 台灣股市崩跌
八十三～八十八年	•八十三年六月 梁正賢開始試種有機米 •八十四年七月二十二日 大地飯店開幕	•八十年代 國內觀光熱潮興起 •八十六年 伯朗咖啡電視廣告以池上為背景 •八十八年 悟饕池上飯包成立

八十九年	•十月三十日 首次參訪日本MOA大仁農場 •提出「池上米」共同品牌策略與產地證明 •台東縣八十九年一期稻米品質競賽特等獎：官振權	•全台仿冒池上米達高峰
九十年	•二月六日 找蕭煥通種有機米（一期稻作，五分半） •六月 十四位萬安村農戶加入有機米契作（二期稻作，超過二十二公頃） •台東縣九十年一期稻米品質競賽特等獎：蕭煥通 •池上六家米廠成立池上米共同品牌協會	
九十一年	•提出「多力米」共同品牌 •二月 萬安村一期有機米契作面積達六十六．六公頃 •七月 梁正賢獲選全國十大傑出農業專家（推廣有機自然農法） •七月十日 池上米價首度超過公糧價（池上一一八五元／公糧價一一六〇元） •十月 池上鄉公所向經濟部申請池上米商標認證 •十二月 花東縱谷二期稻作良質米競賽五位參賽全數獲獎 •十二月二十七日 台中廣三SOGO池上米首次展售會	•一月一日 台灣成為WTO會員（限量進口） •中華民國稻米協進會阻撓池上米商標申請

九十二年	•財團法人福原國民小學文教基金會註冊成立 •池潭源流協進會開辦四梯次教育訓練課程（農友自費研習，每人一千元） •六月十五日 池潭源流協進會草擬池上米認證標章管理規範 •十月二十八日 池上鄉公所授權池潭源流協進會以鄉徽核發池上米認證標章 •十二月一日 池上鄉公所取得池上米®商標（台灣與亞洲第一個產地標章） •池潭源流協進會開辦池上米認證標章米質評比競賽 •建興米廠二期收割倉容不足	•一月一日稻米進口取消限量，全面開放 •白米炸彈客事件 •台灣發生SARS •十月 全台穀價崩跌（池上九二〇元／屏東八〇〇元） •十一月二十八日 新修訂商標法生效（參考WTO TRIPs規範修訂）
九十三年	•梁正賢年初重病（擔憂倉容不足與標章申請） •五月二度參訪日本MOA大仁農場（賴永松與六位農民同行） •九月十日 第一屆全國稻米品質競賽冠軍：邱垂昌 •九月二十四日 第一屆全國冠軍米競賣會，池上冠軍米以一公斤六千元結標 •全家便利超商推出池上冠軍米便當 •十二月二十七日 鄉公所認證提案遭代表會要求暫緩執行 •十二月二十八日 池上農民至鄉公所抗議認證遭阻一事 •建興有機米二期稻作銷售開始轉虧為盈 •池上「多力米」品牌註冊	

九十四年	• 建興米廠開始做 ISO 認證 • 六月 產銷班團隊合作協助唐源風扶稻收成 • 八月三十日 第二屆全國稻米品質競賽冠軍：林龍星 • 十二月六日 第一屆全國有機米評鑑冠軍：蕭煥通 • 萬安社區有機米產銷班成立 • 十二月一日 池上鄉公所發出第一張池上米®標章予建興米廠	• 設稻米產銷專業區 • 發生稻米重金屬污染食安風暴
九十五年	• 一月十日 第三屆全國稻米品質競賽冠軍：林龍山	
九十七年	• 二月二日 池上多力米故事館正式開館 • 池上代表獲選十大經典好米：林翠蘭 • 台灣好基金會成立前，擬以池上為其在地合作夥伴	
九十八年	• 台灣好基金會成立，進駐池上 • 十一月二日 首場秋收音樂會：陳冠宇	• 秋收音樂會照片登上《TIME》雜誌
九十九年	• 經濟部智慧財產局王美花局長帶領歐盟執委會成員參訪池上米標章成功故事	
一〇一年	• 池上秋收稻穗藝術節：優人神鼓	

一〇二年	• 池上秋收稻穗藝術節：雲門舞集〈稻禾〉 • 池上國中學生加入秋收志工行列 • 池上國中管樂隊成立	
一〇三年	• 蔣勳至池上擔任首位駐村藝術家	
一〇四年	• 台灣好基金會啓動池上藝術村十年計畫（復華投信贊助）	• 九月十五日 池上秋收〈稻禾〉照片登上美國《紐約時報》
一〇五年	• 十月 臺東縣池上鄉文化藝術協會成立	
一〇六年	• 《池上米平損補助自治條例》通過 • 池上鄉文化藝術協會接手主辦秋收稻穗藝術節 • 十二月九日 穀倉藝術館開幕	
一〇七年	• 台灣稻米達人冠軍賽有機米組冠軍：曾鵬璋 • 池上好店開幕	
一〇八年	• 台灣稻米達人冠軍賽有機米組冠軍：謝美國（日本〈米・食味分析鑑定競賽〉金賞獎第二名） • 穀倉藝術館獲「遠東建築獎—舊屋改造特別獎」首獎及業主獎	• 台灣地方創生元年

一〇九年	•台灣稻米達人冠軍賽有機米組冠軍：官聲燐 •池上國中平均學測成績居全台東縣第一	•十二月 發生嬰幼兒米餅重金屬超標事件
一一〇年	•三月 米倉生活館動工改建（十月七日完工） •池上國中詹永名老師獲師鐸獎	•
一一一年	•一月 米倉生活館正式開幕 •七月三十一日 池上學子聯合音樂會（拾穗仲夏樂） •九月三十日《稻浪上的夢想家》紀錄片首映 •十月六日 台灣稻米達人冠軍賽有機米組冠軍：唐金滿 •十月二十九至三十日 池上秋收稻穗藝術節	

Eurasian Publishing Group
圓神出版事業機構
用心與你對話．網野無限寬廣
圓神出版社
Eurasian Press

www.booklife.com.tw　reader@mail.eurasian.com.tw

天際系列 004

共擔池上：梁正賢翻轉地方的思維與商戰

作　　者／梁正賢
文字協力／方麗雯
採訪統籌／白志棠
發 行 人／簡志忠
出 版 者／圓神出版社有限公司
地　　址／臺北市南京東路四段50號6樓之1
電　　話／（02）2579-6600．2579-8800．2570-3939
傳　　真／（02）2579-0338．2577-3220．2570-3636
副 社 長／陳秋月
主　　編／賴真真
專案企畫／賴真真
責任編輯／歐玟秀
校　　對／歐玟秀．林振宏
美術編輯／林韋伶
行銷企畫／陳禹伶．林雅雯
印務統籌／劉鳳剛．高榮祥
監　　印／高榮祥
排　　版／莊寶鈴
經 銷 商／叩應股份有限公司
郵撥帳號／ 18707239
法律顧問／圓神出版事業機構法律顧問　蕭雄淋律師
印　　刷／祥峰印刷廠
2023年1月　初版

定價 340 元　ISBN 978-986-133-852-1

只要有人需要幫忙，我們鼎力相助，這就是米廠的「共擔精神」，早已內化在我們心中，這種精神與氛圍，不只在我們家族、米廠、社區，甚至影響延伸至整個池上。

——《共擔池上：梁正賢翻轉地方的思維與商戰》

國家圖書館出版品預行編目資料

共擔池上：梁正賢翻轉地方的思維與商戰/梁正賢著. -- 初版. -- 臺北市：圓神出版社有限公司, 2023.1
272 面；14.8×20.8公分 --（天際系列；4）

ISBN 978-986-133-852-1（平裝）
1.CST: 梁正賢 2.CST: 自傳 3.CST: 臺灣
783.3886 111017153

有妻子徐月鑾的全力支持，讓梁正賢持續前行。

梁正賢的祖父於民國三十五年創立的建興米廠，現址為多力米故事館。

大地飯店除提供遊客寬敞乾淨的住宿與用餐環境，也是推廣有機米銷售的據點。

日本 MOA 大仁農場以自然農法栽種蔬果，完善的土壤改良方法讓人佩服不已。

參觀 MOA 自然食商店。

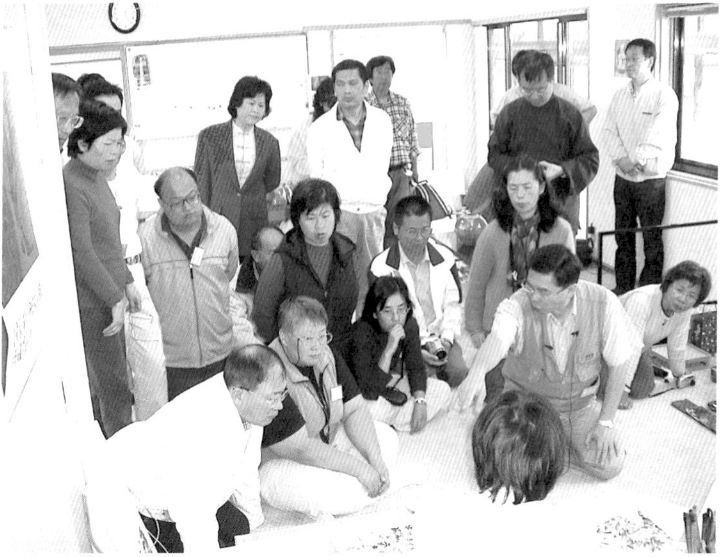

藝術美學的學習也是日本 MOA 參訪重點。

MOA
純米酢
MOA
おやつ
パン

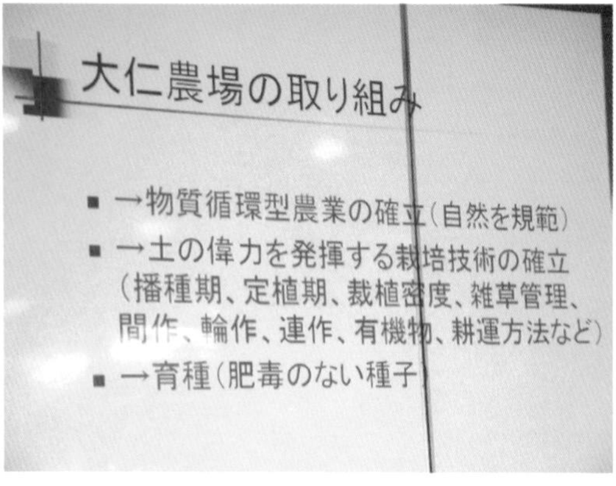
大仁農場の取り組み
→物質循環型農業の確立(自然を規範)
→土の偉力を発揮する栽培技術の確立
(播種期、定植期、栽植密度、雑草管理、
間作、輪作、連作、有機物、耕運方法など)
→育種(肥毒のない種子)

日本 MOA 參訪開拓新視野，其農產與商品都貼有產地標籤，代表生產者對消費者的責任。

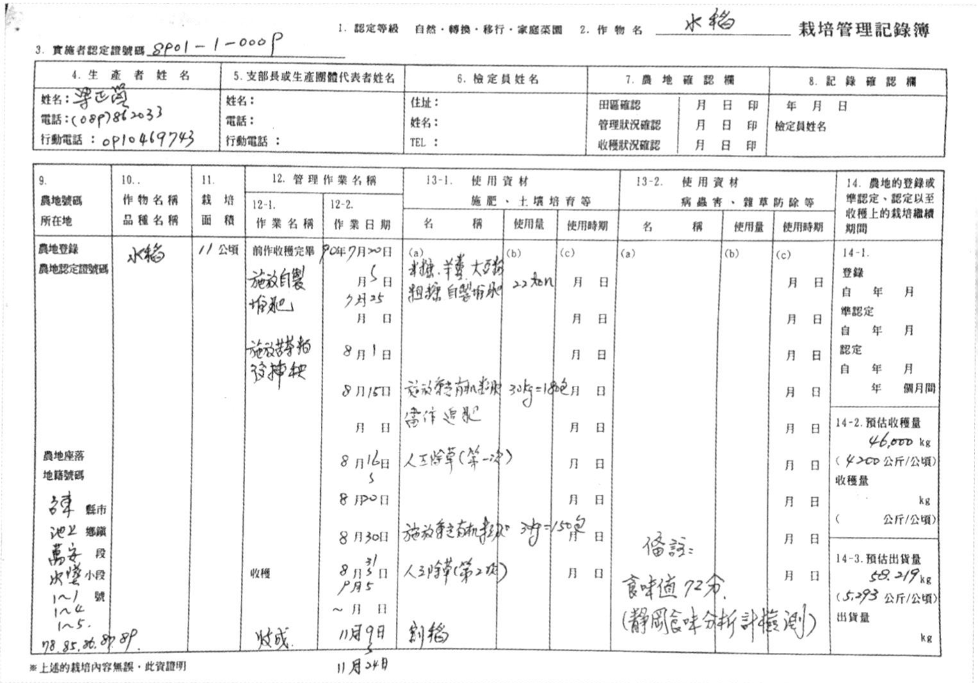

1. 認定等級 自然・轉換・移行・家庭菜園 2. 作物名 水稻 栽培管理記錄簿

3. 實施者認定證號碼 8P01-1-000P

4. 生產者姓名	5. 支部長或生產團體代表者姓名	6. 檢定員姓名	7. 農地確認欄	8. 記錄確認欄
姓名：梁正賢 電話：(08P)862033 行動電話：0P10469743	姓名： 電話： 行動電話：	住址： 姓名： TEL：	田區確認 月 日 印 管理狀況確認 月 日 印 收穫狀況確認 月 日 印	年 月 日 檢定員姓名

9. 農地號碼 所在地	10. 作物名稱 品種名稱	11. 栽培面積	12-1. 作業名稱	12-2. 作業日期	13-1. 使用資材（施肥、土壤培育等）名稱	使用量	使用時期	13-2. 使用資材（病蟲害、雜草防除等）名稱	使用量	使用時期	14. 農地的登錄或準認定、認定以至收穫上的栽培繼續期間
農地登錄 農地認定證號碼	水稻	11 公頃	前作收穫完畢	P0年7月20日	(a)	(b)	(c)	(a)	(b)	(c)	14-1. 登錄 自 年 月 準認定 自 年 月 認定 自 年 月 年 個月間
			施放自製堆肥	月5日 ~ 7月25日	米糠、羊糞、大豆粉、粗糠 自製堆肥	22 ton	月 日			月 日	
				月 日			月 日			月 日	
			施放苦茶粕 [illegible]	8月1日			月 日			月 日	
				8月15日	施放[illegible]有机粒肥 當作追肥	30kg=180包	月 日			月 日	
				月 日			月 日			月 日	14-2. 預估收穫量 46,000 kg（4,200 公斤/公頃） 收穫量 kg（ 公斤/公頃）
農地座落 地籍號碼 台東 縣市 池上 鄉鎮 萬安 段 水墜 小段 1~1 號 1~4 1~5. 78.85.86.87.8P.				8月16日 ~ 8月20日	人工除草(第一次)		月 日			月 日	
				8月30日	施放[illegible]有机粒肥	30kg=150包	月 日	備註：食味值72分.（靜岡食味分析計檢測）		月 日	14-3. 預估出貨量 58,219 kg（5,293 公斤/公頃） 出貨量 kg
			收穫	8月31日 ~ 9月5日	人工除草(第2次)		月 日			月 日	
			收成	~ 月 日 11月9日 ~ 11月24日	割稻						

※上述的栽培內容無誤，此資證明

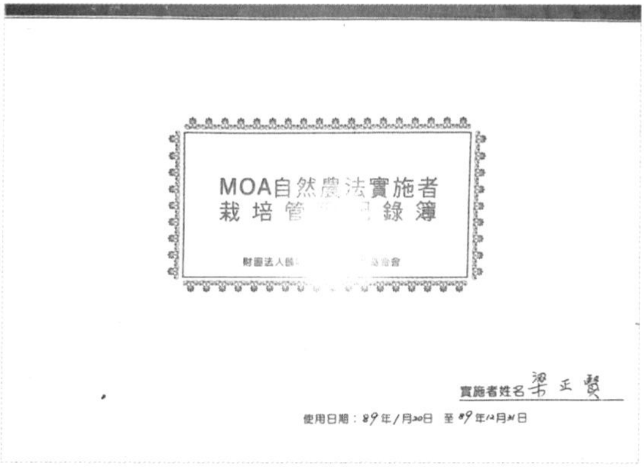

接觸 MOA 自然農法後，梁正賢親自填寫栽培紀錄，再將這套成功範例供池上其他農民複製學習。

萬安有機米產銷班成員時常在一起互相觀摩與學習。

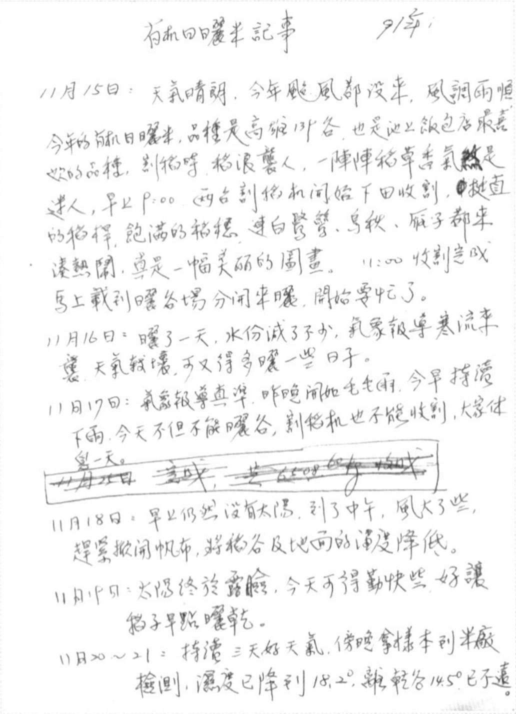

有机日曬米記事　91年

11月15日：天氣晴朗，今年颱風都沒來，風調雨順，今年的有机日曬米，品種是高雄139谷，也是池上飯包店最喜歡的品種，割稻時，稻浪襲人，一陣陣稻草香氣真是迷人，早上9:00 兩台割稻机開始下田收割，挺直的稻桿，飽滿的稻穗，連白鷺鷥、烏秋、麻雀都來湊熱鬧，真是一幅美麗的圖畫。11:00 收割完成馬上載到曬谷場分開來曬，開始要忙了。

11月16日：曬了一天，水份減了不少，氣象報導寒流來襲，天氣轉壞，可又得多曬一些日子。

11月17日：氣象報導真準，昨晚開始毛毛雨，今早持續下雨，今天不但不能曬谷，割稻机也不能收割，大家休息一天。

11月18日：早上仍然沒有太陽，到了中午，風大了些，趕緊掀開帆布，將稻谷及地面的溼度降低。

11月19日：太陽終於露臉，今天可得勤快些，好讓稻子早點曬乾。

11月20～21：持續三天好天氣，傍晚拿樣本到米廠檢測，濕度已降到18.2°，離乾谷14.5°已不遠。

儘管農事與米廠業務再忙，梁正賢也會每天確實記錄有機日晒米的栽種記事。

研習課程內容多元豐富，邀請各地講師為農友上課。

賴永松老師協助池上米認證工作不遺餘力，每梯次都親身授課。

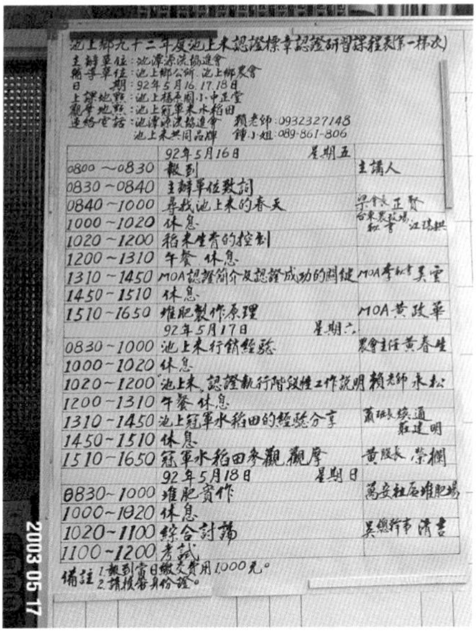

民國九十二年，池潭源流協進會協助開辦四個梯次的池上米認證教育訓練課程。

參加研習的學員有男有女，有老有少，上課非常認真。

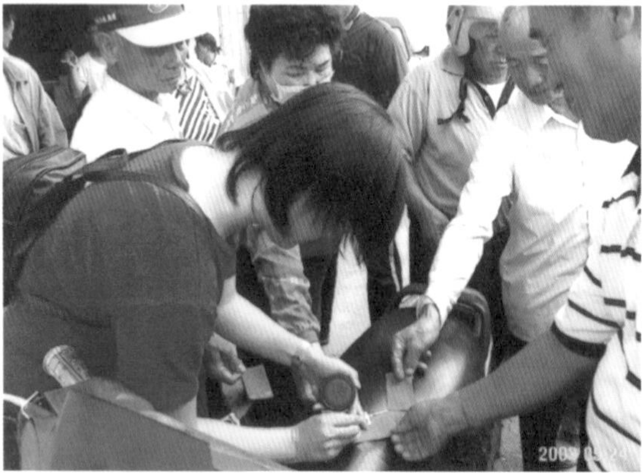

為期三天的課程，每上完一堂課就會蓋一個章，所以不能蹺課。

學員們一同學習製作堆肥。

課程內容除室內授課，也有田間觀摩。

課程結束後必須通過考試，才能獲得結業證書。

以科學儀器檢測稻米各項數值，做為品質計價依據。

民國九十九年，現任經濟部長王美花時任智慧財產局局長，帶領歐盟執委會成員參訪池上米標章成功故事。除實際參觀池上稻田，亦安排大坡池畔野餐與竹筏體驗，使其感受池上之美。

池上米得獎後，開始在各地舉辦展售會，將赤腳米王蕭煥通的冠軍米文宣資料布置於現場。

建興米廠捐出兩座自家穀倉，已成為池上的藝術生活基地——穀倉藝術館、米倉生活館。

池上學生參與稻作實務課程，透過食農教育讓米的文化深耕池上。

秋收稻穗藝術節搭設舞台前，大夥齊心齊力下田割稻，「共擔」是農家人的基因。

眾人向土地公誠心敬拜，祈求收割與演出平安順利。

配合攝影師的畫面設計，將拍照位置架到最高，這樣的「算計」就是把事情做成功的「起手式」。

民國一一一年全國稻米達人有機米組冠軍唐金滿，為池上多力米契作農戶，池上米已連續多年稱霸冠軍。